夢のつなげ方

建築から学ぶことIII

佐野　吉彦

はじめに

「建築から学ぶこと」は２００５年9月に安井建築設計事務所のウェブサイトで連載を開始した。私は51歳になる直前だったから、ずいぶん長い時間が経っている。週一回掲載するリズムには変化がない。これまで『建築から学ぶこと』（２００７）と『つなぐことで何かが起きる』（２０１２）の二冊の本にまとめて道のりを振り返った。今回は近年の記事を中心とし、いくつかの雑誌掲載記事を加えながら、流れの連続を意識してまとめた。一方で、２０２４年が安井建築設計事務所の創設１００年であることをふまえ、四つに分けた章のそれぞれ後には、この設計事務所が追いかけてきたテーマをめぐる論考「夢のつなげ方」を置いている。

２００５年は国内外で交通の大事故が相次ぎ、11月に耐震偽装事件の発覚があった年だった。いずれも運営システムのほころびが指摘された。夏にはハリケーン・カトリーナが米南部に大災害をもたらし、ブッシュ大統領の対応が甘いと批判が高まったことを記憶している。日本は全般的に悪いという年でもなかったが、死亡数が出生数を上回り、人口の自然増加数がマイナスになった節目というところは重要である。

前回発刊の２０１２年は東日本大震災の衝撃が生々しい時期だった。そこから先も熊本や能登での震災、広域水害をはじめ国内外の自然災害、新型コロナウイルス、戦争などと課題が押し寄せる歳月があった。社会の好ましい変化では、連載開始時には世に定着していなかったＳＤＧｓ（持続可能な開発目標）という言葉が、この10年ほどで今や小学生の頭にきちんと入っているほどに進んできた。むしろ若い世代の方が環境危機を切実に感じており、理解の裾野は確実に広がっている。環境建築の取り組みも深まった部分もあり、もはやＳＤＧｓは世代を越えて共有できる言葉となった。もっとも、そこで向きあっている社会課題の解決はまだまだ先が長そうではあるのだが。

この20年ほどの間、書き継ぐ中で取り上げる題材に事欠かなかったのは、私が携わっている建築設計という仕事が常に社会と時代の変化と隣り合わせにある証拠でもある。その中で一貫しているのは、社会に蓄えられた知恵は、建築の土壌を豊かにし、建築の領分でつきつめた成果は、必ず人やまちに元気をもたらすことである。建築を契機として人々の夢がつながり、建築のあり方も変わる未来を見つめてゆきたい。

目次

3

1. 建築にある使命

1　建築にある使命

専門家に必要な基礎力

建築の専門家が鍛えるべき能力には、直接的には二つある。一つは「技術力」。技術上の知識を身につけて自由自在に操作できる能力のことを指す。順序に従って積みあげる着実さが求められるところである。当然ながら「創造力」も欠かせない。個々の技術を結びつけ統合する力、あるいは一つの技術から別の技術を展開させる創造性とは工学全体に共通するとも言えるが、芸術全般に相通じる能力でもある。すなわち、建築を学ぶとは、ものごとを実現に導くために基盤を固める力と、要所でジャンプできる力の両方を身につけるプロセスと言える。

近年は、どの専門分野もコミュニケーション能力を重視するようになっている。確かに滑らかにしゃべる／まとめる技術は必要だが、それは「技術力」や「創造力」を活かすための基礎的生活技術でしかない。それよりも、日本における建築の教育システムが、知識を総合的かつ体系的に学ぶ修練と、課題や演習を通して成果をまとめあげる修練という両輪で構成されてきたことが重要である。それは、卒業後に投げ込まれる、流動的な状況の中で建築を生産するプロセスの先取りをしてきた。実務組織は教育機関からのバトンを受けて、建築のいろいろな分野で困難な事態を取り仕切り、建築というかたちにまとめあげる作業を担う人材を育ててきたのである。

改正建築士法で設けられた制度、建築士の定期講習や管理建築士講習などは、プロとしての基礎訓練から資格取得の道程で鍛えた実戦力を確認する機会ということになるだろう。ここでは、新たな力を獲得するというよりも、時代にあわせて、ここまでの道のりで身につけたはずの能力や知識の見取り図をもう一度描きなおすことに意義がある。さらに専門家が持つべき誠実さや職業倫理に結びつけて理解するなら、実に有用な機会となる。法制度のあるなしにかかわらず、専門家を名乗る限り、こうした機会は定常的に持つべきなのである。

（『建築コスト研究 No.79』２０１２年10月号 論壇「建築の専門家に必要な能力とは」一般財団法人建築コスト管理システム研究所）

三重交通Ｇ スポーツの杜 伊勢 陸上競技場（２０１７）

さまざまなマネジメント力について

建築の生産プロセスは古来、孤立孤高の作業であったことはない。誰かが、誰かの意思を受け継いで目標を達成すること。こうした観点に立てば、社会や組織の中で関係をうまく組み立て、好ましい結果を導きだす能力についても身につけておくことは必要になってくる。

ここで、チャールズ・ハンディが分析した、非営利組織の類型化について紹介したい。彼はそれをクラブカルチャー（強いリーダーの個性が引っ張る）、ロールカルチャー（役割が階層化——官僚のような）、タスクカルチャー（プロジェクト単位で編成される）、パーソンカルチャー（専門スキルが明瞭な集団——弁護士事務所のような）という4類型に分けてみせている[※]。プロジェクトには明瞭なミッションが不可欠だが、ハンディ氏は、活動に関わる者自らがどの類型の集団に属しているかを認識することが重要、と考える。それにより責任感を持ってものごとを進めることができる。彼はまた、あるプロセスでの成功体験は必ずしも汎用性がないとも語っている。

組織をまとめるためにまず必要なのは、当然ながら「リーダーとしての能力」である。公私を問わず、人はどこかの場面でリーダーの役割を務めるとき、多くのことを学ぶことができる。目標を的確に示し、合意形成を図りながらものごとを実現に導くには、多くの知恵と修練が必要となってくる。実は、リーダー経験を積むことで、リーダーのもとで働くときの処し方が理解できるようになる。そうすることで組織や運動体、地域が滑らかに動くのだ。優れた構成員となるならリーダーを機能させることができる。リーダーとしての試行錯誤を見守る寛容さを育てるには、一度リーダーを経験することは重要である。

もう一つ、「セクレタリーの能力」というスキルもある。秘書・幹事という呼び名はずばりセクレタリーと訳せるが、事務局長もこれに当たる。日本政府の官房長官やアメリカ合衆国の国務長官がセクレタリーと呼ばれるところを見ると、この役柄は、リーダーの方針を手順に沿って間違いなく遂行するプロであり、ミッションは明確である。たとえば閣僚どうしで激しい対立があっても、本当はそこに官房長官が加わってはいけない。仕切っているリーダーを支える立場である。こうしたセクレタリーの能力の

※　参考文献『組織から考えるアートプロジェクトの可能性』（帆足亜紀、東京都歴史文化財団２０１３）

様式を整えること、それを受け渡すこと——アユタヤ（タイ）

修練は、同じような意味ではリーダーとなる者にとっても大切だ。セクレタリーシップは着実なリーダーシップを育てるのである。
これを、建築をつくるプロセスにあてはめてみれば、かたちあるものを粘り強く実現しようとする姿勢と、冷静沈着に取り仕切る視点の両面が必要という理解ができる。技術を扱う仕事であればなおさら、適切な成果をもたらすためにどう組織を動かすかについて学んでおくべきではないか。建築の専門家とは人と人との関係の中に結果を見いだすプロフェッショナルだからである。

(『建築コスト研究 No.79』2012年10月号 論壇「建築の専門家に必要な能力とは」一般財団法人建築コスト管理システム研究所)

育てる基盤とは何か

実務者の活動ステージが国際的に広がる中では、現実から知恵を冷静に汲み上げながら、個あるいは組織によって事態を切り拓くたくましさが求められる。では、一人のアクティブな専門家を育てるために、どのように社会は役割を分担するべきだろうか。具体的に四つの目標に即して整理してみたい。

一つ目には、魅力ある成果へのモチベーションを維持するために。その基礎は教育機関で培われるのは当然であるが、優れた実務組織での訓練を通じてその意識は醸成されるだろう。その組織を導いているリーダーは、いかなる状況下であっても魅力ある建築の実現のためにまっすぐ向かうべきこと、そしてその責任と喜びを教え込むはずである。

二つ目には、社会的正義を視点として持ち続けるために。教育機関では、建築が社会の公正さを支えることをきちんと教えるけれども、その重要性を学生が実感するのは容易ではない。たとえば、「継続的なコミュニティ活動の中で自らのプロフェッションが果たす役割」を認識することは効果的である。同じように、災害復興支援・地域貢献に取り組む専門家団体に加わることによっても、複眼的な視野を育てることが可能である。

三つ目には、「建築主に対して忠節を尽くす専門家」であるために。教育機関よりは、優れた実務組織での訓練と経験によって育ってくる視点であるが、建築士事務所の経営を担って、建築主と責任感を持って向きあう時点において真に学べる印象がある。正しく契約を交わし、約束を果たすこと。ある程度まで、教育機関でも意識させておく必要もあろう。

四つ目には、安定的な技量と生産システムを維持することを専門家の要件と感じるために。状況が変わっても仕事ごとに異なるプロセスを経過しても、常に安定した技量レベルを維持することは、専門家個人も、設計事務所（建築士事務所）のような組織も同じように重要である。こうした信頼の基盤を実感するには、プロジェクトや組織をマネジメントする経験と時間が必要であるが、そこで人間の資質や価値判断力が歪みなく整うことを期待したい。能力とは、変わらぬドグマに沿って授けられるものではない。教育機関で伝えられる学問が信頼できるのは、基礎理論を持ちながらも現実からのフィードバックによる間断ない修正があるからだが、本稿で見たとおり、実務の中の非情さと柔軟さが人を鍛える部分は大きい。ここにおいて人は不足する技術をはっきり認識できる。人は多様で多年にわたる経験を組みあわせて一人前になるが、こうした修練には終着駅がない。あるとしたら、それは専門家であることから降りるときである。

（『建築コスト研究 No.79』２０１２年10月号 論壇「建築の専門家に必要な能力とは」一般財団法人建築コスト管理システム研究所）

上海にて

想像力から始まる素敵なこと

建築の専門家は、眼の前に見えていないかたちを想像できる能力を鍛えられている。そして、何かの目的のためにありあわせの材料から建築を組み立てる手順を組み立ててきた。建築界にはそういうシステムがある。それは、やがて大きな構想を生む母胎となり、材料の積極的調達や可能性の掘り下げを進めてきた。このような展開も各時代にふさわしい内容を含む基礎的な能力があればこそできること。現代では情報系の高いスキルなどを重ねあわせることによって、前例のない成果を導くことが可能となる。

こうした技術力・想像力に、グローバルな視点が加わるのはごく自然である。歴史の中で良いアイデアは国境を越え、さまざまな情報が統合されてきたが、今後はますます広がりが増すだろう。たとえば国内で手がける仕事のテーマが、どこかの国で解決を求められている社会問題と共有できるかもしれない。高齢化をめぐる課題や環境に関わる数値目標達成は、まとめあげた成果が世界のどこかで、あるいは世界全体として活かされることになる。建築技術と情報は国家で完結するものではないのである。

設計作業とは、単純な建築主－設計者の間の満足度の先を見通すものでなくてはならない。そもそも建築を設計することとは、社会にある課題を、明瞭なかたちによって解決することなのである。それを信じる楽観主義は、社会をより良く変えるための基礎能力と言ってもよいのではないか。時間をかけながら、多くのステークホルダーと合意するたくましさは、政治家が持つべき資質とも共有できるものである。かつてＵＩＡ※（国際建築家連合）の会長を務めたジャイメ・レーネル氏や、ＡＩＡ※※（米国建築家協会）に属する何人もの建築家が、地方自治のリーダーになっているのはまことに頼もしい。彼らは建築の専門知識と、楽観主義を支える人間力を涵養してきたのである。

（2013/06/26 No.381）

※ ＵＩＡ＝The International Union of Architects
※※ ＡＩＡ＝The American Institute of Architects

世界から集まる。ソウルにて（２０１８年）

役割分担をめぐって

集団や組織は、目標を実現するためにさまざまな役割分担を行う。異なる能力を集めることも重要だが、同じ能力であっても異なる能力を発揮させるよう導くことで成果を得ることもできる。能力の高い人ならその期待に応えるけれども、平常からそういう意識で人を育てておくことが基本だ。企業のように価値観が共有できる場合は、いざというときのために準備を重ねておくことが可能である。

それと事情が異なるのが、企業や個人が集まって行う団体活動や、国際的連携で目標達成を目指すようなケースである。前者の場合は、異なる視点が反応しあう面白さはあるので、つい活動領域を広げてしまいがちになるが、うまく進まなければ内部収拾が面倒になる。外交のケースは国としてのプライドが先行して、能力を越えた任務を一つの国が引き受けてしまうことが起こりうる。いずれも役割分担においてあとで手間のかかる例だ。

こういう場合の組織の選択は、得手とする分野、あるいは相手から期待される分野に大きな力を注ぐのが賢明である。こういうのを、身の丈という。たとえば、建築界を見渡して考えてみると、いくつかある建築団体が役割を分担しあう方が建築界全体として大きな力となる。そもそも同業種内は協力しあうべき関係にあるからだ。それぞれの団体の行動範囲を明瞭で限定的にしておけば、結果として円滑な連携ができ、プロを育てるしっかりとした基盤となるだろう（それなくしての団体の統合・連合はうまくゆかない。効率化目的やそれぞれの理念を曲げあう収束では安直だ）。

（2012/06/06 No.328）

AIA大会・InternationalPresidents'Forum AIA本部（ワシントンDC）にて（2012年）

専門家を成長させる機会とは

いろいろな分野の専門家には国家資格が設けられている。建築士は昭和25年に建築士法で、弁護士は昭和24年に弁護士法で、医師は昭和23年に医師法によって定義がなされた。それらの法律には取得のための要件と、独占できる業務などが明示されている。国会で定めた以上、こうした資格取得者には、社会に対しての責任が期待されている。ではいったい、どのような責任の果たし方になるのだろうか？　現実には、個々の事案によって、社会環境や時代背景によってその任務にバリエーションが生じているだろう。ゆえに専門家は、どのような局面で身につけた能力を善用するかについて、仕事を通じて、あるいは社会とかかわりあいながら考えを深め続け、チューンナップすることになる。

そうして、専門家は基礎的な技術力の更新だけでなく、倫理感、社会問題への意識といった点の、鋭敏なセンスを磨いてゆく。そこに個人の自発性がなければ、国家資格はペーパードライバーに留まる（建築士定期講習の受講は最低限である）。たとえば、専門家がまちづくりや災害支援など、さまざまな社会活動にボランティア的に参加する機会は能力開発として有用である。こうした場面での、他の専門家が持ちえない知見の提供（これを「プロボノ」という。「公共善のために」を意味するpro bono publicoの略）は、自らの専門性の可能性と限界を認識できる格好の機会となるからだ。言葉を失うような場面にも出会うのもいいだろう。

それは、ＣＳＲ（企業の社会的責任）を標榜する企業が、社員による社会貢献を奨励しながら企業価値を向上させる行動とは出発点が異なると考える。本来、専門性に由来する無私の行為は見返りの前提はない（実費が支払われることはあるが）。むしろ個に広がりと深みを与えるために自己投資をするものと捉えるべきである。

（2017/01/25 No.557）

建築は社会の中に生まれ、社会のためにつくられる（那覇空港際内連結ターミナルの地鎮祭）

研究室でのチャレンジとドラマ

先日[※]、岸本忠三・大阪大学名誉教授と本庶佑[※※]・京都大学名誉教授の2人が登壇した講演を聞く機会があった。それぞれの功績は、免疫難病治療やがん治療の基礎研究で自ら発見した分子から特効薬を作ることに成功した、すなわち基礎研究が創薬までつなげた、世界でも稀な例と言えるようだ。

岸本教授は、抗体産生細胞について研究を重ね、大阪大学の細胞生体工学センターでリーダーシップを執り、自らが発見したＩＬ－６分子が、多くの疾患の発症に関与していることを解明するに至った。ＩＬ－６の抗体「アクテムラ」を疾患の治療に応用し、リウマチを始め多くの難病に苦しむ世界中の人々を救う効果につなげたというわけである。ちなみに、抗体素の発見が１８９０年で、抗体工学技術の確立が１９８６年、抗体医薬の発売が２００１年という、時の流れがある。

一方、免疫制御する遺伝子を解明してきた本庶教授は、免疫力を活性化すればがん治療が可能であることを発見し、ＰＤ－１抗体ががん治療薬として承認されるために尽力した。本庶教授の視点は、ほかの療法がいわばアクセルを踏み込むやり方であるのとは逆で、ＰＤ－１が免疫反応のブレーキになっていることに着目し、こうしたブレーキを効かなくする、抑制法であるのだという。ＰＤ－１抗体治療はすべてのがん腫、あらゆるステージに有効であるが、１９９２年のＰＤ－１分子発見が、２０１５年には日本では皮膚がんのための治療薬の承認というところまできた。

講演のあとのトークでは、岸本教授は、明治以降の日本が大学の基礎研究を重視したことが日本を発展させ、ノーベル賞受賞者を輩出する成果を生んだとする。役に立つ研究であったというのは、長年取り組んだ結果であって、役に立つことを目指してきたわけではない、とも語っていた（なるほど）。本庶教授によれば、特にライフサイエンスでは最初に成果が見通しにくいので、いろいろな可能性を試すことが非常に重要だという（たぶん、建築分野も同じだ）。それゆえに、大学にはすぐに結果を求めるのではなく、長期的視点による投資、政府や企業による基礎研究へのバックアップがほしいと述べていた（だから、優秀なリーダーを見いだし、そこに賭けることは妥当な判断なのである）。

(2015/12/16 No.503)

※　２０１５年
※※　２０１８年にノーベル賞受賞

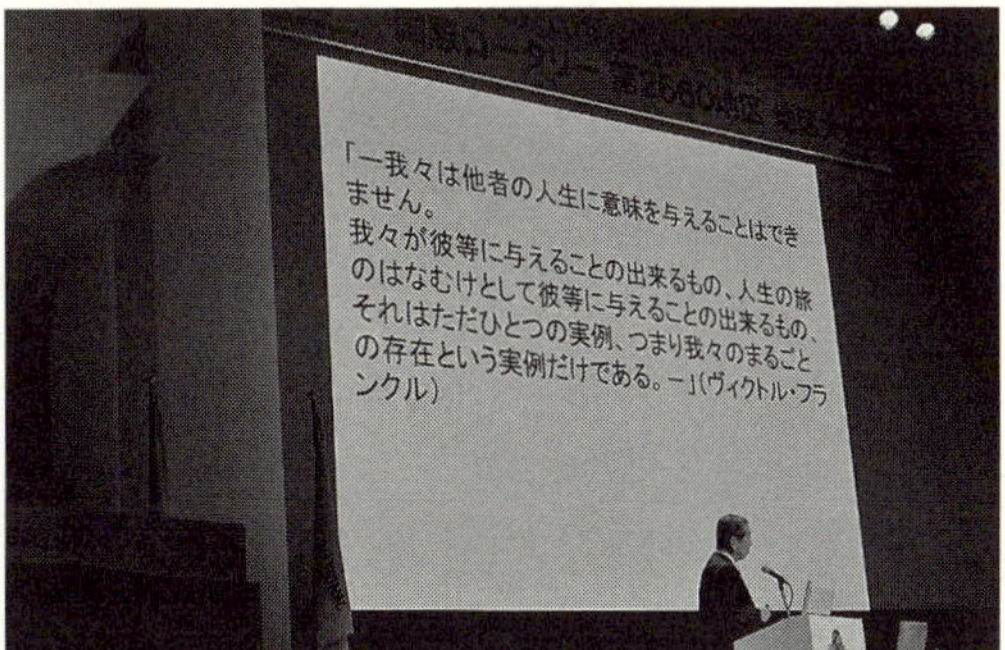

講演する岸本教授　大阪国際会議場で（２０１５年）

医者と聖職者から学ぶ

詳しい中身は想像でしかないが、医学を修める過程での解剖学は、暗記に骨が折れるのだという。そこで挫折する学生もいると聞く。それゆえに世の医者がその緻密な基盤の上で医療に携わっていると思うと、安心できる。おそらく、ものごとを体系づけながら正確に理解している、というのはプロの基本条件ではないだろうか。初学者は、まずは知識体系を重んじる厳しい教師に出会うべきで、実務の中では、逆に知識だけでは太刀打ちできないクライアントに出会うべきである。そうして、両面の経験を次の世代に伝えることが望ましい。知識の持つ力と、知識を超える社会と。そうして、医療のレベルは高まってきたのではないか。

ところで、宗教家（聖職者）もプロに違いなかろう。まずは仏典や聖書を確実に読み解けないと、人に法を語ることはできないから、時を重ねる修練は必要だ。それ以上に、私が聖職者に興味を持つのは、ベースとなる社寺や教会の建築の性格、宗教集団の持つ歴史と現代における意義を熟知し、布教の力に活かしていることだ。まず社寺建築は、目に見える知識体系であり、それらは定期的に人を回帰させるマグネットとなるものだ（建築の力と宗教の力が溶け合っている）。さらに聖職者は宗教集団をめぐるネットワークの変化に注意を払い、次の戦略を組み立てることができる。聖職者に高潔な人格が求められるのは当然だが、以上のような点の賢さが伴わないと人の心は現実的に離れてゆくのではないか。

聖職者は、地域における共同体のキーパーソンの役割を果たしてきた。歴史の中で同じ宗教の信者が遠くに分散したり、地域に多様な宗教が共存する状況になったりすると、その真の力が問われる。優れた聖職者は、対立をあおることはない。ネットワークをうまく組みなおしたり、対話の難しい同士を共通の場に置いたりする役割を果たす。社会のレベルを維持する知恵を持つ聖職者は、実は最先端のプロフェッショナルなのではないだろうか。建築家が医者や聖職者から学ぶことはいろいろありそうだ。

（2017/04/05 No.567, 2024 改編）

さまざまな文化から由来する聖像――多文化共生がコミュニティを活気づけている（カトリック尼崎教会）

聖なる日に考える、リーダーシップ論

前大阪大学総長でもある哲学者・鷲田清一氏の講演を聴いた。このところの鷲田氏は「しんがりの思想」が大切だとして、上から引っ張るよりも、登山のパーティでいう〈しんがりの位置〉から全体の動きを見渡し支えるリーダーシップが望ましい、と語っている。そうしたありようはこの時代には説得力を持つようで、話を聴きながら、ある経営者が自分の後継者を指名するにあたって、あなたならサーバント・リーダーシップの精神で務められるだろう、と口説いたという話を思い出した。

ところで、鷲田氏の話を聞いた日はキリスト教の暦で聖金曜日、すなわちキリストの受難の日に当たっていた（2014年は4月18日）。聖書には受難前夜からのドラマが入念に書きこまれていて、一人の人間の死をめぐってあたふたする人間像は面白い。キリストの高弟であるペトロは、3度にわたってキリストとの関係を否認するのだが、これを聖書作者は人間の弱さゆえの失策例として前向きに捉えた。キリストは反省したペトロを後継者に選んだのである。このあたりはリーダー論として共通する逸話だ。

一方で、聖書はローマ総督ピラトの采配ぶりを冷ややかに描いてみせている。エリートであるピラトは大物ぶりを見せつけようとして余裕たっぷりにキリストを尋問するが、思い通りにならないキリストを前に次第に迷い始め、ついには群衆に採決の結論を放り投げるという職場放棄に至る。これはいけない。聖書作者は、さしたる悪人でもなかったピラトのリーダーシップの欠如に対しては、一片の憐憫すらない。

このくだりから、リーダーの条件とはそのキャラクターが強いか弱いかよりも、重要局面で逃げを打たないことだと読むことができる。この同じ日にたまたま一緒になった指揮者は、オーケストラでの仕事で大事なのは、プレイヤー相互のコンセンサスと危機管理だ、と話してくれた。リハーサル中あるいは演奏中に方向性がバラバラになりかける局面で、どう収拾するかは手腕が問われるが、そこではセンスとイマジネーションも大いに問われる。

（2014/04/23 No.422）

最終確認はゲネプロで（関西フィル、サントリーホールにて）

強いリーダーシップ以上に大切なこと

宗教改革の中心にあったマルティン・ルターは、強いリーダーだったと言えるだろうか？　彼は「95箇条の提題」を書き起こし、ローマ教皇と対峙するかたちになったけれど、当時のカトリック世界を解体する闘争に打って出る考えはなかった。結果として16世紀は、北ヨーロッパにプロテスタントの存在感が確立した世紀となったが、その版図までルターが描いていたわけではない。彼の貢献とはドイツの民衆が読みやすい形に聖書を翻訳し、共通の概念を整理したことで、その成果がプロテストする側の世界とその文化の揺るがぬ基盤を築いたことにある。つまるところ、彼の功績とは、卓越した言語能力によって世の中を落ち着かせたことになるだろう※。

社会でも企業でも、共有されている論理が安定していることは平時も非常時も底力になる。それがあってはじめて効果的な役割分担が成立するからだ。流動的な状況の中から無理なく次のステージに移ってゆくときなど特に、複数の個性がいかに適切に役を演じわけて連携できるかがキーポイントになる。そのために、メンバーの行動の基礎となる確かな言語の存在が必要になる。往々にして、強い個性は時代を切り替えそうに思われがちだが、彼らは身の丈に合わない論理、詰めの甘い論理で飾る傾向がある。流動的な状況には、むしろしっかりしたベースが重要なのである。

　設計プロセスにおいては、発注者組織と設計組織が有効に連携して機能していなければプロジェクトは維持できない。建築の歴史を綿々と支えてきたのも、冷静なリーダーとフォロワー、そして安定した運営・生産システムなのである。ここでも、下を支えるベースは重要だ（ルターのような能力が必要かどうかは別として）。見識のある発注者が優秀な建築家と切り結びあって名作が生まれたという物語は、そのベースの上に生まれる。

（2012/07/04 No.332）

※　参考文献『マルティン・ルター――ことばに生きた改革者』（徳善義和、岩波新書２０１２）

ルターの宗教改革から５００年

信頼しあう基盤について

今年※の建築士法改正には、適切に建築生産プロセスを構築する趣旨があった。建築士法を正しく適用する観点から、設計者の義務だけでなく発注者の努力義務も定められているが、改正は消費者保護の充実の流れにも沿うものでもある。さらに、建築の生産プロセスとは必然的に多くの専門家を起用し、技術を統合するものである以上、それぞれの持ち場での責任を全うすべき、という趣旨も含まれる。以上のことを考えると、建築に何らかの事故や瑕疵が生じたときには、プロセスに関わる者すべてが自己の責任を明らかにしなければならないということになる。

今回起こった、Y市内で起こった不適切施工・データ改ざんの一件※※は、個人や専門工事業に直接原因があったとしても、それを看過した監理者と施工者の責任は問われる。設計者についても、図面にどのような記述をしたのだろうか。日本建設業連合会は、建築本部長の見解として、請負契約を元請けとして締結した以上、一義的にはすべて元請けの責任だと述べていた。発注者は、事態発覚の早い時期に弁済の考えを示しているが、これは企業と商品の価値を守るための表明であって、自らに非があると認めているわけではない。発注者からの工期とコストに関わる要求の厳しさが影響したとする報道があるが、それらの要求はモラルにも法律にも抵触するものではない。そもそもそうした点に厳しくない暢気な発注者などいないだろう（２０２４年の空気では、労働に強い負荷をかけることは良くないとされている）。

基本的に、建築生産プロセスは、専門家それぞれが技術を磨く向上心を持ち、プロ同士が信頼しあう基盤が形成されていてこそ、確実なスタートができる。それゆえに、発注者と設計者・施工者などで交わされるさまざまな契約があいまいなものであったり、一人の専門技術者として遇する姿勢が欠けていたりすれば、事故や瑕疵を生むリスクは高まる。もし人間どうしのつながりの希薄さと、技術者の尊厳の弱体化が、建築に関する事故や瑕疵の背景にあるのなら悲しいことである。

（2015/10/28 No.496, 2024 改編）

※　２０１５年
※※　建設時の杭打ち不備によって一部の棟に傾きが生じた一件

ＮＹグランドセントラル駅——信頼感のある公共空間

課題をまとめあげる修練

いつか、ものごとはまとめあげることができる。そのような幸せな感覚を建築設計者が持っているのは、最後にかたちをつくりあげてプロセスを完結する経験を経てきているからではないか。教育機関でも、専門知識を身につけながら、演習やワークショップで完結経験を先取りしていることでその資質の基盤が形成されている。異質な考えを有する人々を調停することによって建築は立ち現われ、距離が離れていてもネットワークの先にある同士が理解しあえればかたちは実現する。建築を学んだ者はそういう考え方をする感覚を身につけているわけである。

しかしながら、社会がそうした感覚のことを知っているかどうかは気になるところだ。技術を扱う者にはそれ以外の領域を扱わせなくてよいと思われている可能性があるし、コンピュータが進化すれば標準設計が普及するものと理解している向きもある。そうした社会とのズレを整合させるには建築設計者の努力と説明が必要である。前例のないことが出来るのが優れた専門家であることは、自らの活動領域を拡げ、そこからさらに報酬を得ることで証明することができるだろう。もちろん、その動きを支える社会基盤をつくるために建築界が汗をかくことも重要なことである。

ところで、コンドリーザ・ライス米国元国務長官は、もともと外交史の専門家であった。八年間のブッシュ政権の中枢にありながら、戦争や威嚇によらない外交解決を目指して苦闘した人である。「政治とは可能性の技術である」とその回顧録※に記しているように、調整型の態度ではなく、外交技術が多くの課題を解決できることを確信していた。それは建築設計者が自らの技術に抱く信頼と共通するのではないか。私は、こういう政治家とならば、自らのプロフェッションについて冷静に語り合うことができそうだと感じる。

（2014/06/04 No.427）

※『ライス回顧録 ホワイトハウス 激動の２９２０日』（コンドリーザ・ライス、集英社２０１３）

ワシントンカテドラル

学ぶ場をつくる

2022年度の早春、いくつかの教育施設の竣工を迎えた。多くの場合、理事長あるいは校長といった教育のリーダーたちの熱意と構想力に引っ張られて最後までこぎつけることになる。それぞれの情熱は異なるので、できあがる建築の貌も違うものにまとまるのが面白い。当然ながらわれわれ設計者は、学校建築こそ人を導く最良のテクストだと自負して臨んでおり、設計から竣工に至る時間は、関わりあう者がそのことの相互理解に至る幸せなプロセスだと言える。

まず、建築が今ある教育がどのような基盤の上に築き上げられてきたかを感じさせることが望ましい。それは学ぶ側と教える側、双方にとって重要な意味がある。たとえば古い校舎にあった空間の感覚を受け継ぐ切り口が必要かもしれないし、校庭に残る一本の木や、周囲に聳える山をまぶしく見上げるところにスポットライトを当てる趣向が適切かもしれない。この面では、建築は潜在する要点を上手に引き立てる役割を担っている。

一方で、教育の明日を見つめることも重要である。新築には、新たな生徒を集めて開校、これまでの敷地を移転しての新展開、合併による再出発などいろいろなケースがあるだろう。ここでは、建築にこれから学校が目指すところを指し示す新しさや驚きが期待されると言えようか。アクロバティックでなくてもよいが、教える側に多少の身震いが起こらなければ、新たな教育に踏み出すことはできないだろう。

一方で、教育にとって大事なのは、教える側も学ぶ側も、いろいろな世代が刺激しあい、切磋琢磨しあうことである。お互いの対話が自然に始まる場面をどう設定するかについても、過剰な仕掛けではなく、きっかけとなる場所をさりげなくつくりたい。いずれそこが大きく歴史を変える源流になってゆくことを期待しつつ。

（2022/03/09 No.810, 2024 改編）

高野山学びの杜（奈良県高野町 2024）

そのアイデアは海を泳いでゆけるか

大学での建築学科の最終ステージにある卒業設計の先には、建築士資格があり、建築設計でメシを食う日常が続いてゆく。学生たちがその重要な節目で何を考えているかを知る機会は、すでにプロの世界に長くいる者にとってとても興味深い。過日、ある大学で行われた作品のプレゼンテーションの場に出向いたが、いつもながら示唆に富むものだった。彼らはそれぞれにとってのかけがえのない場所を敷地に選ぶ。建築を学んできた者は、土地の性格・性状を限られた時間の中で見極める力を鍛えてきており、そこにある課題を切れ味よく解決してみせる。ときおり造形力の勢いがあふれだすものに出会うのは実に楽しいものである。

ただ、その敷地での解決からどのような普遍的な知見を得たかとなると、ややもどかしい。そのアイデアの先に何かの展開があるのかと思いきやそれだけだったりする。フィールドワークから学問を編みあげるような論理構築力は、学部を終えようとする段階ではまだまだ鍛え方が不足しているのだ。この難点は、二年後の修士設計では知的な進歩によって解消されてくる半面、中にはデザインの奔放さを失う者もいる。ある種の割り切り感覚を身につけてしまうのだ。二律背反の状況は実務でも起こりうるものだが、このような、若い時期の成長と停滞はデリケートで、ベテランが手を貸すべきかどうか難しいところではある。

近年は大学の枠を越えて腕を試しあい、個人として刺激を受ける機会も増えた。だが、そこでプレゼンテーションの技量を競いあうだけではつまらない。結局はデザインの視点と論理の視点を兼ね備えた教員が、泥臭く指導する教育環境を整えることに尽きるのだろう（なお、設計を志す者こそ、論文をしっかり書く訓練は積んでほしいものである）。

（2015/02/18 No.462）

身震いもあり、出会いもある新しい風景（大阪国際中学校高等学校）

下河辺淳氏が語ること

機会があって、何人かで下河辺淳氏（1923〜2016）を囲んで話を伺った。その場のメンバーがいろいろな質問をしてそれに下河辺氏が答えてゆく、という半日だった。もともと数次の国土計画を策定した優秀な官僚であり、公益財団法人NIRA総合研究開発機構の理事長を歴任し、阪神・淡路復興委員会委員長を務めた人だ。その曇りのない、しかし穏やかな語り口に驚き続けた午後だったが、活字になっている次の言葉がその日を象徴していたと思う。「公共政策には意図と結果があるが、結果が思い通りにならないことはある。なので、絶えず意図と違った結果を勉強して、次の意図に新たな見方を乗せる。それは国土計画でなくても、何の専門でも同じである※」という、醒めた認識を、精神論抜きで語るところがすばらしいのである。

その視野はきわめて広い。「古典を学ぶときにいちばん重要でいちばん楽しいことは、知らない過去を勉強しているにもかかわらず、どこかで懐かしく納得している自分を見つけることである。体の中にそれこそ何千年の遺伝子が残っているので、改めて過去を歴史として教わったときに、すでに体の中にある遺伝子と反応する。そして過去から現在までの自分が見えてくると、自ずと将来も見えてくる[※※]」と語る教育論は、個としての確信に基づいている。

そう考えると、個人の功績と見えるものの中に、先行する世代が生んだ知恵の積み重なりがあることが分かる。われわれはそれに意識的になることによって、社会的な責任を果たしてゆくのではないか。そして、人は多少の冒険をしてもどこかで枠の内におさまるようにできているのかもしれない。こうした、下河辺氏の思考と実践は〈下河辺淳アーカイヴス〉でたどることができる。

（2017/08/02 No.584）

※　省略して引用『成熟し、人はますます若くなる』（佐藤友美子、ＮＴＴ出版２００８）
※※　省略して引用『静かな男の大きな仕事』（下河辺淳と福原義春との対談、求龍堂１９９９）

話を伺ったのは八ヶ岳を望む場所

教育基盤の未来

建築をつくるプロセスは、建築設計者が発注者や社会に対して誠実な聞き手となることで磨きあげられる。だからこそ、できあがった建築は、有効な情報が統合されたデータベースとなる。こうした一連の論理は古今東西変わることがない。われわれがＢＩＭ※を活用するにあたっても、またそれが国境をまたぐツールとなっても、その骨格は揺らぎはしない。

建築ＢＩＭが実務での活用が進むのは喜ぶべきことだが、それが専門課程の教育基盤にどう影響してくるかはこれからの課題である。19世紀後半のウィリアム・モリスとアーツ＆クラフツ運動の動きを受けて新たな視点での美術・工芸学校が登場し、１９１９年には幅広い分野のモダンデザインを導く教育基盤として、バウハウスが開校する。そこまでずいぶん時間が経過しているところを見れば、現実から理論を組み立てるにはある程度の醸成期間を要しているようだ。

しかし、このところのデジタル技術の急速な変化を見ると、そう悠長な構えでは間に合わない可能性がある。建築学科の基礎修練を、手書きやＣＡＤからＢＩＭへの変化の中でどう積ませてゆくのか。そこでは基礎知識習得だけでなく、建築創造においてどのように適切な選択をするか、いかにオリジナリティを達成可能にするかが鍵となる。さらに、昨今の情報過剰社会の中から、生成ＡＩが重宝され始めると、どのように専門家としての倫理意識を醸成するかが重要になっている。これまでの科学技術と倫理の間の軋轢は、原子力や遺伝子操作といったテーマで起こり、規制をかける議論に時間をかけることができたかもしれないが、生成ＡＩが社会を席巻するスピードはその時間を削いでいる。そこに生じる未来が誰もはっきり見えていないようだが、果たして教師は短期間でこの広い守備範囲をカバーできるだろうか。

　こう見れば、教育基盤の再構築は並大抵の努力ではすまない。しかしバウハウスの成果が、のちにアメリカ建築の基礎理論や生産プロセスの構築を誘い出しているように、現代の教育基盤の再構築は、必ず次の時代の建築基盤の構築に結びつくのではないか。その意味では適切な産学連携・交流が有効だが、最新情報を読み込むだけでは十分でない。教育機関には先を見通しつつ、変革を担う人材を鍛える使命があるのだ。

（2014/12/03 No.452, 2023/07/19 No.877, 2024 改編）

※　ＢＩＭ＝Building Information Modeling

建物からまちのＢＩＭへ

図書館にある、人と人をつなぐ力

都市ニューヨークがまだマンハッタンの南半分でしかなかった時期、現在の公共図書館（1911年竣工）がある場所（42st.）は貯水池だった。そののちに命の泉は、知の泉に模様替えしたというわけである。この図書館は学術の発展を支えてきただけではない。図書館が束ねる地域分館のネットワークは、人々に生きるための知恵を提供し、生きることの意味を気づかせる役割を担っている。フレデリック・ワイズマン監督によるドキュメンタリー映画「ニューヨーク公共図書館　エクス・リブリス」（2017）は、そのような図書館の活動のエピソードを幅広く紹介するものである。

この図書館は公立施設ではなく、独立した法人が設立主体になっている。市からの活動協賛を受ける一方で、多くを資金調達の努力で賄う必要がある。その事情をふまえてコミュニティが直面する課題に積極的に関与し、社会に存在価値をアピールする図書館の姿が映画では紹介される。ここで思い及ぶのは、図書館に限らず、一つの機関あるいは建築物の生命は、外部とのいきいきとした関係構築によって得られるという事実である。社会がお互いを理解しあうことから、それぞれの好ましい未来が立ちあらわれる。そのことを語っているようにも感じられる。

映画の中で、作家トニ・モリスンの「図書館は民主主義の柱だ」という言葉が引用されるのは印象深い。その達成はたやすいことではないので、スタッフたちは、日々の任務の中でその本筋を守って奮闘している。いかに人の苦難に手を差し伸べるのか。いかにこの時代を生き抜くリテラシーを提供するのか、真実をどのように理解させるのか。それらの尽力に宿る思いは、単に施設運営のためではなく、人として他者のためにどのように働くかの問題意識から生まれている。図書館は民主主義の学校と言えるだろう。そこから多様性ある社会がしっかりつくられてゆくのだ。

（2019/07/10 No.679）

ブライアントパーク（ニューヨーク公共図書館の西隣）

マルチなプレイヤーであるために

イェルク・ヴィトマン（1973〜）は凄腕である。優れたクラリネット奏者としての技量に加え、作曲家としても、オーケストラ指揮者としても堂々たるレベルにある。そのコンサート※を聴いていると、創造活動の中でそれぞれの活動がしっかりつながっていることが分かる（彼は自らの曲や人の曲を指揮し、もちろん自らも吹いていた）。こうしたマルチなありようは、音楽家で言えばバーンスタインやブーレーズに先例があり、このところのスポーツに目を移せば、投打にわたる野球の大谷翔平、監督もこなすサッカーの本田圭佑という例を見いだすことができる。まさしく非凡な人たちではあるが、ここで重要なのは、彼らは強いられてそうしているわけではなく、自らが選択していることである。

考えてみれば、建築設計の日常でも、一人がマルチな作業を平行してこなしている。デザインと、エンジニアリングと、プロセスマネジメントと。それらすべてで能力を発揮するのは相当にレベルが高い。設計者はそれを目指して専門能力の維持と開発に努める必要について、まず教育機関で説かれ、先達に諭され、専門家資格の取得時にも覚悟を迫られる。おそらく、受け身で応ずるならこんな面倒な人生はないもので、そこは音楽もスポーツも同じだろう。どの分野も自ら望んでマルチに振舞うのが本筋であり、建築設計の場合、多彩な役割を進んで引き受けることが、結果として建築の豊かさにつながるはずである。

つまり、すべては「自分次第」なのだが、それぞれの能力が有効に働くかどうかは、他者との関係で決まる。音楽家の場合、いくらマルチを目指したところで、観衆やオーケストラに反応がなければ先に進まないのだ。建築設計の駆け出しもベテランも、自らの技術の手ごたえを感じ取るところに次の可能性が開けるだろう。それを心がけとするのも大事な修練である。

（2018/09/05 No.637）

※ 2018/08/25, 2018/08/31 サントリーホールにて

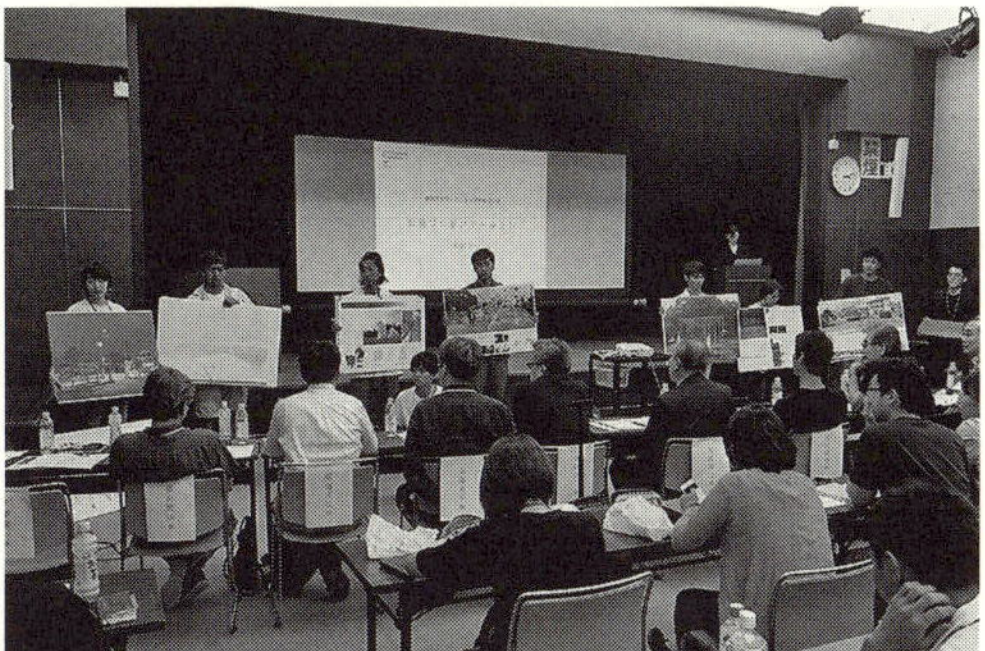

他者の手ごたえはどうか？――「建築学生ワークショップ伊勢２０１８」にて

鮮度は根幹——企業の新年度

4月1日になると職場に新人が入ってくるので、例年のように会社の考え方を伝えたり、講義をしたりする。ここで毎回同じ語りにならないのは、時代が動いていることもあるし、相手から伝わる空気が違うこともある。役目についてては20年以上同じ日に続けてきているから、新人が少ない時期や、災害が前面に出る年があったりした。ここ数年は、新型コロナウイルスの困難の中で働き方の多様化も進み、学生と企業の関係も、社会全体のコミュニケーションの取り方も変化している。同じ話をする方が不自然だというわけである。一方で、組織論的に言うなら、こういう節目で新鮮さがあることは、組織の鮮度を示す指標になる。それは迎える側に対しては重要なところだと思う。

内田祥哉氏の表現をそのまま借りれば「同じ講義を毎年するとこっちが飽きちゃうのよ」ということはある。創造を旨とする組織は常に新しくなくてはならない。建築設計者が建築主との関係を保ち続けるためにも新鮮さは不可欠で、その趣旨に沿って技術の最適解の追求やデータの上手な活用があるわけで、ここは新人には忘れずに伝えるようにしている。

２０２２年のメッセージでは、我々が今まさに環境の危機や平和をめぐる問題と隣り合っている現実にも言及した。さらに念を押したのは、建築に関わるプロフェッショナルには、社会の課題に対して、先取りした提言・発言を行い、望ましい社会のあり方を打ち出すミッションがあること。建築が実際にどこまでやり切れるかでためらうよりも、建築ならできる、建築だからこそできることが必ずあるはずで、それを信じ切れるかどうかはプロとして非常に重要なところなのである。

（2022/04/06 No.814）

花は開く、季節はめぐる

これからのリーダーシップとは

30年前の社会は情報のネットワーク化が進んでいなかった。大抵の組織では、情報は縦に往き来することが多かったのではないか。ピラミッドの上の方とは、より多くの情報を知りうる立場との前提があり、だから良いジャッジができると信じられていた。それでも30年前とは情報技術がこうしたかたちを崩し始めた時代ではなかったか。賢者は縦方向のリーダーシップに将来の問題があると感じ、堅牢な組織に守られる個には問題も責任もないと考えるところにも危険が潜むとの指摘をしていた。結果的に、今日の社会は、情報共有のしかけや一人一人が満足できる働き方の実現において、格段の改善が進んでいる。情報のアクセス権のあるなしで権力を握るなど、もはや不健全で非効率となった。組織の基盤はすっかり変わったのである。

30年前の経営者がこの変化を正確に予見できていたかはわからないが、動きが起こってからあわててパラダイム変革に取り組んでも遅いのである。風向きが変わる局面に早めに気づき、勇気を持って有効な一手を打つことができるのが今の優秀なリーダー像とされている。だが、今後も続く社会の変化に追随してゆくためには、そのようなリーダーシップではまだ十分でないかもしれない。

たとえば、生物多様性が重要課題であることは皆が気づいている。実はそれが何にとって有用かは、各分野のリーダーによる認識の差があり、それらを調停しなければ課題解決にはつながらない。おそらく、組織変革においても今後の社会のビジョンづくりにおいても、高いレベルの議論を引き出して、より有効な方向を探り当てるファシリテーター的なリーダーシップが必要なのではないか。何せ日本だけでなく、世界のあちらこちらで、達成を目指す道筋が旧来の発想を越えていないものが多いのである。

（2024/02/21 No.906）

美しく、しなやかな視点——大巻伸嗣展（国立新美術館）より

設計事務所の経営をめぐって

企業の経営には、普遍的な原理原則と各組織固有の特性がある。もちろん建築設計の組織も同じである。そこには設計事務所ならではの基本的規範があり、それぞれが独自の「個性」をまとっているはずである。すなわち、経営とはこれらの要素の複合ということになる。

どの分野の企業も、経営方針を立てて人と資産を運用し、利益を生み出すことをやっているだろう。設計事務所（建築士事務所）においては、法律で定められた専門業務を完結させるために、日常から知識と成果のレベルを高める努力を継続することが求められている。そのためにトップから始まって能力のある専門家を配置し、それを軸にした組織運営を行うのである。さらに、顧客を獲得するためには、優れたデザイン力・技術力のアピール、地域に密着してきた設計事務所のような独特の積み重ねなどの「個性」が必要となる。そうした組織の特徴を社会や他業種に対して丁寧に伝えることは重要であり、それは社会の相互理解につながってゆくだろう。

ほとんどの設計事務所は経営者、かつ現役の技術者である代表者の個性に拠る部分が大きい。規模の大小とは関係なく、それは事実だろう。そのことから、社内で世代や立場を越えて直接対話する機会は意外にあるのではないか。世代の断裂を少なくできるのは利点であるが、それぞれが発想の視点を専門的知見に置く傾向があるかもしれない。となると、いかに偏りのない議論ができるか、その中からいかにリーダーシップや人格、モラルを育んでゆくか、分有されている経験や知識をどう共有して新たな価値を紡ぎだすかなどが課題となるだろう。まさに組織には「人の力を育て、活かす責任」がある。設計事務所の仕事は、普遍的な原理原則に照らし合わせて優れたものであるべきだが、社会の資産を生み出す仕事であるだけに、経営の質を高めることは社会的責任となる。

（2020/12/02 No.748）

世界の普遍と、足元のバラと

知恵が編集されるところ

設計組織で行われる活動は、蓄積されてきた知恵を編集する作業だといってもよい。知識は個人の頭の中にインプットされるが、知恵は人と人との間に保存される設計プロセスにおける共同作業によって形成されたものだからである。設計組織として仕事をする以上、組織が「共同知」を獲得するかたちに持ちこまなければ継続的に活動を行う意味がない。

また、組織では新しい知識を入手したときにそれが実務に適用可能なものかどうかが入念に検証されることになるだろう。その検証方法は組織ごとに異なっており、それが組織のもつ空気に反映してくる。組織には自然なかたちで独自の禁止事項や確認手順が存在しているもの。手順の多い組織、トップダウンの強い組織などいろいろあるが、それも検証手段の一つである。そこを通過しながら成果をまとめていくわけだから、「検証方法」とは企業文化そのものといえよう。

一般的に、どの分野の組織も自ら得意とするところにこだわる。設計組織においてはそれこそが「基本型」であり、それを崩されまいとする抵抗も起こる。創造的破壊というのは案外難しいものだ。その型を好む顧客が設計事務所にとって重要な位置を占め続けられれば、大いに影響を受ける。相手が細かい検証を要求する大企業である場合には、それに対応した組織づくりになるかもしれない。もう一つ、成功を収めた設計組織には、求心力が著しく高まる時期がある。組織の神話もしくは物語を生む時期であろう「型」はそんなときにつくられる。たとえば大きなコンペに勝ったケースもその一つ。また、型は年月をかけて形成されるものとは限らない。プロセスの途上で技術的な高揚があり、その成果が社会に評価されたりすると、そのときの手順がそのまま組織の個性になるケースがある。

以上に記したような「共同知」「検証方法」「型」に依拠した設計集団が、設計組織と定義づけられるのではないか。これらの要素は組織を盤石にするものだが、往々にして足枷になることがある。組織を継承していくには、「共同知」は保持しつつ「検証方法」や「型」を大きくつくり直さなければならない。たとえば、新たな成功プロセスを見いだしてそれをテコにすること。また、人と人がうまく連携して仕事をするという視点から、その時代の陣容での合意形成が図られるように型を変えることが、実はこれはなかなか骨の折れる、勇気の要る作業である。

（『新建築』２００２年11月号「設計する組織の現在、そしてその可能性」新建築社、２０２４改編）

京都 インクライン――知が美しく編集された風景

特殊な事情と普遍的な問題

安井武雄が１９２４年に創始した安井建築設計事務所は、１００年を超えて活動を継続している。娘婿の佐野正一が継承し、息子である私がそのバトンを受けるという例は設計組織ではあまり見られない。通常ではこうしたケースが成功するのは特定の顧客が長期間安定的に存在している場合である。そうした顧客には幸いなことに恵まれたほうではあるが、基本的には型を変えてきたことで継承できたものであると認識している。４００人を超える規模で技術の成果をワンマンコントロールで達成すると言い切ることは、すでに非現実的である。いかに方法論を整備して共通の意識をもたせ、効率的な小集団群を整備するかが鍵となる。安井武雄から佐野正一という流れの中でそれは機会あるごとに試みられた。ただし、常に中枢に据えていたのは「いかに統治するか」という視点だった。

大型の設計組織の運営がこれからどうあるべきかについて、私自身が機会を捉えながら調べ始めたのは30歳を超えた頃だった。当時１９８０年代末の日本経済と安井建築設計事務所のもつ方法論との間には微妙なずれがあることを感じていた。おそらく、どの組織にもなにがしかのきしみを感じた局面であったかもしれない。私が知ろうとしたのは、優れた組織がきしみに向きあい、どういう乗り越え方をしているかであった。この点についてはきちんと論文にするとよいのだが、調べているうちに、明瞭な言語を用いることで議論の中での誤解をなくすことの重要性に気づき、さらに対等に議論を行う土壌をつくらねばならないと考えた。共同作業の中から共感が生まれるように組織とプロセスは整備されるべきだという確信を得たのはもう少し先であった。

それらの認識を仮説としてベースに置き、1997年から私自身の運営を始めた。私は組織には多元的な価値観があることは必要だと考えていたものの、指導的な存在というものを否定したわけではない。もっとも組織をうまくドライブするには時間とタイミングが必要なもので、そうした理念や方法論を組織整備の中に落とし込むには二年余りを要した。もちろんそのメンテナンスには終わりはない。

（『新建築』2002年11月号「設計する組織の現在、そしてその可能性」新建築社、2024改編）

高麗橋野村ビル落成記念撮影（1927、前列中央が安井武雄）

組織が存在し続ける理由 1

今は、私という建築の専門家と、組織型の設計事務所を経営する立場とはすでに切り離せない関係にある。しかし、読者の中には大型の設計組織に魅力を感じない方もおられるかもしれない。もちろん、組織の規模によって扱う技術に差異があるわけではない。デザインだけを見るならば大型組織の設計は平均してコンサバティブだが、安定したスタイルをもつ傾向がある。こうした成果を好む顧客は一定割合でいるが、それだけが大型の設計組織が必要とされる理由ではないはず。私はそのことをずっと考えていた。

実際のところ、すでに大きくなった組織をほどよいかたちに小さくすることは非常に難しい。逆のこと、すなわち小さな事務所を大きくすることも難しい。もはや日本の設計組織には高度成長期のような「規模の上でのサクセスストーリー」はほとんど起こらない。むしろ求められているのは、設計事務所がその規模にかかわらず、社会の中で技術的責務を果たす役割として信頼を得る組織であり続けることである。

では、発注者側は大型組織に対し、何を望んでいるのだろうか。私は、社会や顧客がまず相談相手として組織型の設計を選択するとき、そこには発注者側にある「継承の問題」が伴っていると考えている。大胆な拡大を指向するよりも、企業の継続・将来に向けてのステップとして発注者が設備投資を考える現在。戦後の経済成長と激しい都市化の中で事業経営を進めてきた発注者が、その保有資産を活用して新たなビジネスモデルに取り組もうとしている現在。そうした状況下にあって、継続性を重視する設計組織はもっともよいコンサルタントになるのではないか。設計組織が自分自身の将来を考える線上では当然ながら顧客の存続と将来を優先的に考える行動を選ぶであろう。顧客確保のためには、顧客の将来のために必ず最良のサービスを選択するはずである。そこに組織設計らしい解決策が生まれる。発注者の中にあるさまざまな転機に即したデザイン、という言い方が付記できるかも知れない。

（『新建築』２００２年11月号「設計する組織の現在、そしてその可能性」新建築社、２０２４改編）

組織が存在し続ける理由 2

以上が設計組織としてのベーシックなビジネスプランである。組織の中の設計者にはコンサルティング能力の修錬が要求されるだろう。顧客はわがままなくらい自己主張の強い存在であってよく、その相談にあずかりながら流れを読んだ提案ができる「よい聞き手＝設計者」像がクローズアップされる。設計組織はこうした点に立脚点を置きながら、マネジメントビジネスや総合的なコンサルティングといった名付け方をされる分野を指向している。設計のファーストステップサービスが重視されるのである。組織設計のチーム編成は顧客へのサービスを意識した組織そのものとして再整備されることになろう。設計組織が「共同知」「検証方法」「型」に立脚することは変わらないとしても、設計の「成果」より、設計監理プロセスという「サービス」に存在の根拠を求める方向に進む。

なお今後の建築設計の世界全体について言及すれば、固定的な組織や企業体ではなく、異なる能力をもった専門家が特性を活かしあいながらさまざまな共働形態を模索していくこと、また専門家の相互流動化がテーマとして浮かび上がるだろう。仮に現状のままであるとしても、本来は独立した設計事務所と施工会社設計部の間に事情の差異はなく、組織設計とアトリエ事務所という対立の構図も形式的すぎる。専門家同士が同じ地平で議論し、お互いの尊厳を認めあいながら、建築設計全体のレベルアップを図ることが可能だと思う。ただ残念なことにいまだ建築設計という職能が、建築士法は幾度も改正されたが社会の中できちんと位置づけられていない。それがために、いやその上にあぐらをかいているがために、建築設計に団体がばらばらに並立しているという現状がある。これはわれわれ自身ばかりでなく、社会にとっても不幸なことではないのか。時代に合わせてのいろいろな面での整備が急務だし、それぞれの組織の将来はそれ抜きでは考えられないかもしれない。

（『新建築』２００２年11月号「設計する組織の現在、そしてその可能性」新建築社、２０２４改編）

初辰稲荷、住吉神社にて

リスク回避マネジメントと危機管理

どの時代も、組織の運営においては、トラブルを未然に防ぐための「リスク回避マネジメント」が重要である。設計する組織（建築士事務所）の経営においても、経営者（法人の代表者、建築士法で言えば開設者と管理建築士）とスタッフは、業務がリスクと隣り合っていることを明確に認識すべきである。いや、設計作業はリスク回避マネジメントと同義かもしれない。それゆえに、設計監理契約や服務規程・運営マニュアルなどによって関係者の間で認識を共有しておかねばならない。手間をかけた準備は設計する組織を守るだけでなく、建築主や社会に対する責任を果たすことになるのだ。

一方で、事故やトラブルの発生後の「危機管理」は、何よりも組織としてすみやかに解決を図ることが目標となる。これも危機に立ち向かう姿勢を日頃から持ち、危機管理マニュアルによってその対応手順を定めておくのだが、起こる事態は多様である。どうであろうと、組織内外の情報を迅速かつ的確に把握し判断すべき局面であるので、日常的に情報共有が円滑な組織風土でなければ動きが取れないものである。組織内外に信頼関係があるかどうかは危機において試されるので、リスク回避マネジメントも危機管理も、組織のリーダーシップの真価が問われる場と言えるだろう。

以上のような、流動性の高い場でのリーダーシップは、組織の中の〈マネジメントスキルを学んだ人材〉か〈修羅場を経験した人材〉か〈洞察力が備わった人材〉のいずれかによって担われる。それぞれはタイプに大いに開きがあり、往々にして行き違いが生じやすいものである。異なるタイプ同士がお互いの能力を精確に認め、リーダーとフォロワーの役割を明瞭にしながら協力しあうことで、危機は収束するということは頭に入れておくべきである。

なお、「危機管理」が終了したら、トラブルを次の業務で再発させないよう、運営マニュアルなどのリスク回避マネジメントへのフィードバックを行う。両者はそうした関係である。

（2018/04/18 No.619）

※参考文献
佐野吉彦が主査を務めた「開設者・管理建築士のための建築士事務所の管理研修会テキスト〝これからの建築士事務所の経営と展望〟」（２０１７年版　一般社団法人日本建築士事務所協会連合会・編）

そのメッセージから読み取れるもの

2023年、先達としてお世話になった方が一人一人この世を去っていった。私も相応の年齢になったからか、10歳上という近い世代も含まれる。それぞれの方は私に緊張感を与えたり、厳しい注意が飛んできたりもした。仕事で世話になっていたある企業の専務はいつも温和な風情だったが、最終の新幹線で下車のおり、デッキで遭遇し、疲れた眼をしていたらしい若僧の私を笑顔で「えらいお疲れやね」とねぎらっていただいた。それ以来、いかなる場面でも油断はできないと身に染みた。私はこのような感じで、生きる知恵を先輩からありがたく頂戴してきたのである。

先日、貴社が100年続いてきたポイントは何ですか、と聞かれることがあった。答えの一つは主たる業務が変化していないこと、であった。新築が枢要の時代も、改修に注目が集まる今のような時期も、建築設計の使命と専門能力は同じなのである。それを幸として、この先もバトンを持ち続けることになるだろう。答えのもう一つは、多様な業務に没頭する中に、業務の転換の兆しが姿を現す瞬間があり、それを見逃さなかった、というものである。もっとも、この答えは少々格好つけすぎている。現実には、変化の局面の多くは難儀な場面で、いかにそれを乗り切るかに必死だったからである。一方で、その難儀さは一緒に業務に取り組む発注者や協働者も感じていたはずで、必死さは同じだった。多分、難儀な場面とは、社会全体が転換を目指している局面だったのだろう。

今年は、当社以上に歴史をうまく築けてきたはずの組織が、危機に際して舵取りにもたつく例をいくつも目撃した。マネジメント論から言えば初動の誤りという事態なのだが、社会の変化、社会認識の変化とのミスマッチもあっただろう。個人も組織も、「えらいお疲れやね」のような言葉から何かを読み取れるとよいかも知れない。

(2023/12/13 No.897)

学びは残る、建築は残る(新潟駅前)

ポジティブな未来をつくる

UIAに加盟しているのは、124の国と地域である。1948年に創設され、本部はパリに置かれている。各国協会出身の理事から成る理事会が運営を担い、参加国の権利が尊重される、国連に似た組織である。会長※の指導下に、各国からの出身者によって構成される、テーマ別の常設委員会が設置されている。世界は五つの地域（リージョン）に分けられている。

もともと、各国協会は、規模も入会資格も異なり、議論するための基盤は必ずしも同じとは言えない。経済環境だけでなく、教育制度や建築設計の専門家資格もスタートが異なるわけだから当然であろう。だからこそ、そうした違いや対立を克服調整して「建築設計」の本質、あるべき姿を問い直すためにUIAは議論を重ねてきた。今、それぞれの国は国際的に資格の互換性の問題に直面し、国際的なネットワークの中で建築をつくる状況下にあるわけで、国をまたいで活動する上での課題を消化せずにすませることは許されないであろう。

そこで近年のUIAがまとめた新機軸とは「建築教育に関する

ＵＮＥＳＣＯ－ＵＩＡ建築教育憲章」の制定であり、１９９９年に合意した「建築実務におけるプロフェッショナリズムの国際推奨基準に関するＵＩＡ協定」である。設計競技において「国際設計競技のためのＵＮＥＳＣＯ－ＵＩＡ規則」を推奨していくことも定められた。

このほか、環境問題や災害復興における国際協力などにおける成果も、同じ問題意識に発する課題解決への努力がもたらしたものである。取り組みにおいて、ＵＮＥＳＣＯやＷＨＯなど、影響力のある国際機関と連携していることは特筆すべきであろう。

このように、ＵＩＡは難しい局面で世界の建築界のリーダーシップを執ってきた。日本がここ数年経験してきた、建築に関わる資格の改正や創設が、このような国際的な潮目の変化をふまえていることは間違いない。その視点から見れば、私が実行委員を務めたＵＩＡ２０１１東京大会は、今後の日本の建築界にとって重要な節目であり、各国の抱える課題や、ＵＩＡがリードする世界を直接知る格好のチャンスとなった。地域で活動するプロフェッショナルにとって、ＵＩＡの日常的な行動はウェブサイト

※　２０２４年現在の会長はスイス出身のレジーナ・ゴンチエ氏（３年任期）

で知ることはできても、直接議論に触れる場は限られるからである。
一人一人が大会でのＵＩＡの常設の委員会（ワークプログラム）における発表や議論、国際設計競技のプロセスに参加してみれば、ＵＩＡの取り組みは具体的に伝わってくるだろう。違った眼で日常の活動を照射することが可能となる。

（『Argus-eye VOL.48』２０１０年7月号 短期集中連載「ＵＩＡ２０１１とは何か?-」一般社団法人日本建築士事務所協会連合会、２０２４改編）

ソウルの風景

夢のつなげ方1　その道をまっすぐにせよ――それぞれの組織論

1

1919年の大阪の街角に安井武雄（1884〜1955）が姿を現した。前年には大阪中央公会堂が完成するなど、大阪は都市整備の動きが活発化していた。その中心にいたのが建築家・片岡安である。片岡は辰野金吾作品の関西での実現に尽くしたほか、建築に関わる法令制度に尽力し、日本建築協会や関西工学専修学校（現・大阪工業大学）を設立して建築界を活気づけ、さらに財界の雄となった多能な人物だった。

安井はこの多忙な片岡の事務所に入所し、野村銀行をはじめ銀行建築の佳品を残した。南満州鉄道（満鉄）の建築技師として大連で過ごした期間は10年にわたっていたから、安井はすでに35歳、当時ならベテランと呼べる年齢である。やがて1924年の春、片岡事務所の主担当者として手掛けた大阪倶楽部の完成を以て独立した。

その後の安井は、大阪ガスビルディングや野村證券日本橋ビルなどの個性的な事務所ビル、山口吉郎兵衛邸（現・滴翠美術館）をはじめとする多様な住宅作品を次々と生み出してゆく。それぞれの作品については追って触れるが、1955年に亡くなるまでの仕事の中では、創造のピークは戦前にあったと言える。1935年の安井武雄事務所には30人前後のスタッフが在籍し、競馬場や工場に至る異なるタイプの作品を生み出す陣容であった。

建築基準法と建築士法が施行されたのは戦後の1950年で、戦前の日本では建築技術も設計の方法も自由度が大きかった。おそらく、急拡大する都市と郊外にあって安井に求められたのは前例のない建築である。その挑戦を堅実にまとめるチームづくりの知恵を、安井は在籍した満鉄と片岡事務所、その事務所時代に病院計画において協働したニューヨークのロックライズ・トンプソン事務所といった組織を通して身につけていたのではないか。もちろん組織事務所という呼ばれ方はまだないが、デザインとマネジメント両面で信頼ある答えを出す姿勢は確立していた。だからと言って、安井は合理主義的な建築解を求めはしなかったけれども。

大阪倶楽部の日常

2

安井武雄のバトンを受け継いだ女婿・佐野正一（1921〜2014）の活動の舞台は戦後復興する日本である。安井建築設計事務所でリーダーシップを執る前にあった10年ほどの国鉄技師時代、さらに先立つ海軍での経験は、設計する組織を率いるにあたっての基礎となった。佐野正一は野村グループや大阪ガスの仕事を継続し、新しくサントリーとの関係を結ぶことに成功したが、それぞれの企業が戦後に事業を展開するにあたり、建築設計の力を以て支えた。それは安井がかつて求められたのと同じく、前例のない仕事を確実に実現させる役割であった。

佐野正一はまた、交通施設、すなわち鉄道や空港、そして港湾施設のオーソリティである。国の基幹機能を固めつつ、未来図を着実に描こうとする姿勢は、佐野の背骨と言えるものである。その視野の広がりは安井のさらに先を行く。設計を総合的にまとめあげる組織を充実させてゆく中で、国に先駆けた構造プログラム開発、合理的設計に着目したＣＡＤの導入、図面のアーカイブ化を１９８０年代に推進している。佐野が、戦前の片岡安と同じように建築団体の基盤づくりに熱意を燃やしたのも、建築設計者あるいは設計事務所の社会的信頼性の強化にこだわりを持っていたことに他ならない。

こう見ると、設計事務所の経営のあり方の追求とは、安井武雄から佐野正一に受け継がれた重要なテーマであった。佐野が幸運であったのは、設計者にとって「歯ごたえのある」建築主を数多く得たことである。彼らは建築を自らの目標を達成する最良の器と捉えていた。そうした経営のロマンティシズムは佐野正一の魂を揺り動かし、その組織のモチベーションを大いに高めた。日本の成長や建築技術の進展も、良い意味での個性の響き合いが駆り立てた要素は大きいのである。

©淺川敏
大阪ガスビルディング（1933安井武雄、1966佐野正一）

3

一方で、1990年前後を移行局面として、日本は国内だけで明るい未来を描ける時期は過ぎていった。グローバルな視点から日本の制度やルールは問い直され、社会と企業が追求してきた価値の中身も変化してゆく。つまりは、建築の未来とは、建築そのものの発展というよりも、建築を通じて営まれる社会活動の充実の中にあるということである。結果としてこの時期、建築を設計する者と組織に期待される価値も変わった。

建築生産における建築主・設計事務所・施工者それぞれのミッションの再定義が始まると、そこでの信頼関係づくりには新たな創意が必要となった。設計事務所の組織整備においても、佐野正一の後に社長職を受け継いだ椚座正信（1923〜2024）から現在の私・佐野吉彦（1954〜）の時代に移る中で、これまでと違った洞察力、社会との対話力を重視するようになっている。たとえば2000年代からのBIMの導入は、情報伝達・生産構造改革を先取りするものであったが、設計者が維持管理に積極的に関わってゆく将来を展望するものであった。もちろん、BIMは新しい時代に向き合う建築主にも有効に働くものだから、社会の標準装備となってゆくものと確信している。
事務所創設から100年を迎えた安井建築設計事務所は、今や世界の各地で、異なる建築生産プロセスと協働しながら、設計能力を世に問う機会を積極的に広げている。このような前例のない局面での取り組みこそ、安井武雄から先へと受け継がれてきた精神を発現させる場であると言えよう。その中で設計組織としてのアイデンティティーを維持するために、またデザインとマネジメントにおける独自性を進化させるために、それぞれの時期においてさまざまなブレイクスルーがあった。もちろん、一つ一つのはじまりは手探りであったわけだが。

（『KENCHIKU新聞33号』2022年10月31日発行「安井建築設計事務所の軌跡①」建報社）

神田美土代町の東京オフィス

2. 想像力を喚起するために

2　想像力を喚起するために

構図、あるいは仮説

ここに至って、私たち人類は構図を描けても、何を目指そうとしているかの確信がなくなっているのではないか。歴史学者のユヴァル・ノア・ハラリ※はそう言うのだが、15世紀以降に科学革命が起こるまでは、人類の文化のほとんどは進歩というものを信じていなかったようである。ところがそれ以降に起こった（概ね、評価に値する）さまざまな進歩に人類は手ごたえを感じ始め、そうしてグローバル化、デジタル化を推し進め、地球温暖化を引き起こしながら現在に至った、という流れができた。

実は、歴史の動きは必ずしも論理的には変化してはこなかった。ハラリは、だからこそ歴史を研究するのは、未来を知るためではなく、視野を拡げ、現在の私たちの状況は自然なものでも必然的なものでもなく、したがって私たちの前には、想像しているよりもずっと多くの可能性があることを理解するためなのだ、と記している。いわば、多くのエスキースの中からデザインを選ぶようなものだろうか。となると、新型コロナウイルスに振り回され、環境危機を怖れ、またさまざまな場面での人権抑圧にたじろぐ中での逡巡や判断違いの中に、必ず新たな構図を描くヒントが潜んでいる可能性はある。

少し遡って考えてみると、20世紀初頭に形を現したモダニズム建築は、メディアと交通の発達とともに世界に広がるムーブメントとなった。それは第一次大戦後の国際連盟など国家間を調停するシステムづくりの機運と空気を共有しており、希望ある未来を提言しようとの思いをはらむ自発的な動きでもあった。モダニズム建築には時代を前に進め、固定化した状況を打ち破る役割が託される。それが手放しの成功だったかはさておいて、ここにあった「重要仮説」には世界を結ぶ役割が託されていた。

現代にあっても、私たち建築の専門家には、そのような構図を描き、雄弁に語りかける使命があるのではないか。先行きが不透明であるからこそ、社会を動かすメッセージが求められている。

（『建築家マニフェスト』２０２２年2月23日発行 公益社団法人日本建築家協会（ＪＩＡ）より抜粋）

※ 参考文献『サピエンス全史』（ユヴァル・ノア・ハラリ、河出書房新社 ２０１６）

シカゴ（２０２２年）

普遍性と地域性の往還

建築は歴史を学ぶ最良のテキストである。とりわけ、20世紀初頭に形をあらわしたモダニズム建築は、メディアや交通を介して世界が共有するステートメントとなった。それは国際連盟など国家間を調停するシステムの誕生に先立って、世界が一つの思いを共有した自発的な動きである。建築を通じて社会をより良いものにしようという志がそこにあった。かくしてモダニズム建築はかけがえのない建築資産となって、今も世界各地で、日本の僻地においても生き続けている。その後の大戦、冷戦期を経たあとに世界はそれぞれの地域らしさを見出しながら、一方では連携する力を失いかけた。でも一つにつながる希望は捨ててはいない。そうしたプロセスにおける社会の収穫も挫折も、建築の動きを通して知ることができるが、モダニズム建築はその出発点にある。

２０２１年に開催された「第16回ＤＯＣＯＭＯＭＯ※国際会議２０２０+１東京」（The 16th Docomomo Conference Tokyo Japan 2020+1）に、私は実行委員として参画していた。新型コロナウイルスによる一年の延期を経てもほとんどがオンラインでの議論であったが、そのおかげで情報空間が地球一つながりとなり、建築の来し方を振り返り、未来を構想することができたと思う。モダニズム建築にある普遍的な理念と、固有なアイデアと構法選択との往還。目に見る建築を保全するか記録するかの現実的な選択。専門家はそれらの足取りをたどりながら、これから先も沈着冷静に世界と向きあうことになる。この大会はその中間点、議論とアクションの節目というものであった。

この国際会議を取り巻く近況は、同じ東京開催のＵＩＡ２０１１世界建築会議が、東日本大震災直後であったことと通底する。「災害」を乗り越え人を結びつけ前向きなメッセージを発信できた点で、同じように、歴史を前に進める力になったと考える。

（2021/09/08 No.785）

※ DOCOMOMO——the international committee for documentation and conservation of buildings, sites and neighborhoods of the Modern Movement The theme of Conference is "Inheritable Resilience——Sharing Values of Global Modernities"

DOCOMOMO2020+1を担った人たち

建築に「さわる」こと

私が大学で理解した建築の歴史というものは、概ね以下のような筋道だったと思う。すなわち、〈古代〉にはギリシアやローマにおける様式の成立があり、その時期は建築様式と建築生産が合致していた。しかし、〈中世〉からルネサンス〈近世〉という流れの中で、様式と生産との乖離が大きくなった。やがて〈近代〉に至って新たな建築生産技術（フロートガラス、金属サッシなど）が生まれ、それらの特質を活かすスタイルとしてモダニズムが確立し、建築のあるべき姿として世界に伝播した…。

それはしかし到達点ではなかった。学生であった１９７０年代はモダニズムの先を模索する局面にあった。後で振り返ってみれば、そのころの〈現代〉においては、建築をさらに進化させる中で、ローカルな建築スタイルからのフィードバック・学びを重要な切り口としていた、と整理できるだろう。私もルドルフスキーの『建築家なしの建築』に親しんでいた。ローカルから編み出す方法論とは、風土に順応し、地域で蓄えた技術を建築生産全般に活かすアプローチである。すでに先行して取り組んでいたのがバルセロナにおけるアントニ・ガウディ（１８５２〜１９２６）であり、バルセロナの鋳物技術がなければその作品は生まれていない。その活動の再評価が始まったのが1970年代だと言えるだろうか。一方で、ベネツィアに生まれ北イタリアを基盤とし続けたカルロ・スカルパ（1906～1978）は、建築金物に関わる職人技術を、自らの表現を支える具体的な力としており、注目を集めていた。

彼らがローカルなものに感じ取ったのは、建築の手触りにおける建築のリアリティだっただろう。建築金物は建築を構成する要素であるが、同時に建築と人とを結ぶ接点になる。つまり、人はそこに「さわる」ときに建築にある信頼性、建築家の目指す空間の確かさ、さらにその建築で行われている活動の信頼性などを感得しているのである。彼らの歩みは、建築は奥深くあるべきことと、親しみやすくあるべきことの両方を伝えてくれた。

（2021/10/20 No.791）

触れて確かめる空間の質——川奈ホテル（設計＝高橋貞太郎 1936）

地域のレベルを高めるために

歴史的に見て、国家と地域（地方。以下、そういう意味で用語を使用する）は目指すところがお互い違っていた。それは国家の方が後から人工的に現れ、地域を位置づけにかかったということかもしれない。その中で近代世界の運営の形勢ができあがり、戦争も紛争も並行して頻発したのである。やがてその揺り戻しとして国家は多文化であることに配慮するようになり、地域のほうは出来る限り自立あるいは独立意欲を燃やすようになった。しかしながら、この理想的な姿が平和的に安定するまでには時間を要する。そのために国際機関は調整機能を受け持つが、一方で地域のレベルを少しずつ高めることが必要になってくる。そのとき、建築にはいったい何が出来るだろうか。

ところで、建築はどちらかというと、地域でも隣近所・近接街区といった狭い範囲のレベルアップを無理なくこなすことができる技術である。ではこの技量は国家と地方の関係に関わる大きな場面でも活きるものだろうか。試しにわれわれの最近の事例からいくつか演繹的に考えてみたい。ある大型の精神病院の設計では外に対して閉じていた塀を取り払って開放性を高めている。これは「地域のクオリティ向上に寄与する」ものだ。見た目の美しさとともに、多様な居住の共存を可能にする取り組みである。ＢＩＭ※を用いたプロジェクト運営プロセスは、その行く手に「社会システムへのアクセスを簡便・明瞭にする」というねらいを宿す。公立の小中併設校では、設計担当者が竣工後も授業に招かれ、ユニバーサルデザインのワークショップに携わった。これは地域の将来のために「人が自立的に育つシステムを実践する」フレームということになるだろう。いずれも展開の可能性十分である。

　建築をつくるプロセスは、国や地域をマネジメントするプロセスの一部でしかないが、大きな収穫をもたらす知恵を宿している。優れた市民社会は優れた建築づくりとともにある。私はそう確信する。

（2014/04/16 No.421）

※　ＢＩＭ＝Building Information Modeling

大阪府立精神医療センターのアートワークのためのワークショップ風景。対等な位置から知恵を生み出す

都市計画のこれまでとここから

現在の日本の各都市の街区システムは、戦時と復興のプロセスを経て概ね確定している。たとえば近代京都では、中心部のグリッドは江戸期を継承したが、戦時に疎開道路・空地の措置があり、それらが戦後に御池と五条の大街路になったり、公園用地・駅前広場に活用されたりした。今日の街区はこのような経緯で定まり、そのほかの目覚ましい契機は官から民に転換した旧国鉄用地ということになるだろうか。それは大阪も名古屋も同様で、東京ではこれに六本木の官有地の活用や港湾部開発が加わるが、結局、街路と街区の基本構成については1950年前後からさほど動いていない。

一方で変わったのは法律と制度である。1919年に国全体を対象として都市計画法が制定され、戦争と復興、高度成長が極まる1968年には日本の人口は倍増した。それ以降は「法」の縛りを最小限にし、「制度」の開発と活用が都市活性化のテーマとなる。そこにあった、すりあわせ・せめぎあいを凝視し、1990年以降の都市計画の歩みを総覧したのが『平成都市計画史』（饗庭伸、花伝社2021）である。

この時期には規制緩和や地方分権があり、市場の旺盛な動きを取りこんで設定された特区があり、コミュニティあるいは住民による自発的なまちづくり制度がスタートした。結果的に都市はより多彩な性格を持つようになり、法と制度の程よいバランスが都市を活性化させたと言える。だが、住まい手・担い手が入れ替わったり減少したりする時代に入って、ストックをどのように使い、受け渡してゆくのかが課題となる。著者は「制度の方が属人性が強いので、人口が減るということは、法より先に制度が減るということでもある」と述べ、「国土の広がり、都市の広がりに対して、法の使い方、制度の使い方をもっと巧みに組み上げていく必要があり、それが令和の時代へと期待することである」と締めくくっている。おそらく、ここに重なる景観・防災・環境などの課題解決などには、これまで以上に、多くの視点を持つプレイヤーの参画が必要になるだろう。

（2021/05/12 No.769）

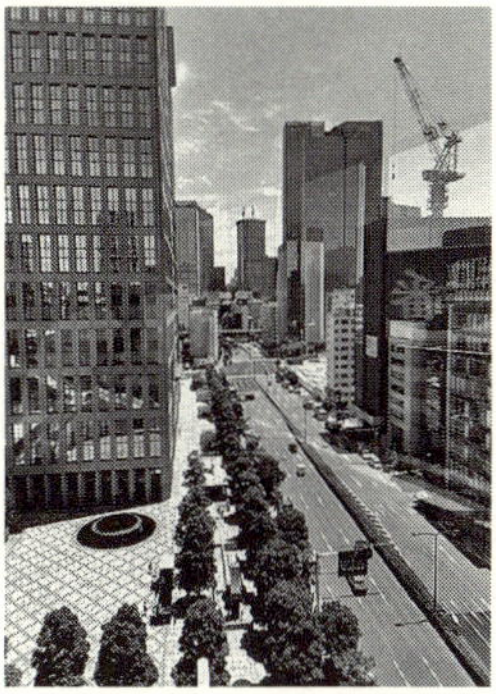

法と制度がつくる都市景観

電柱と電線への眼差し

日本は、電線類地中化（電柱と電線）が明らかに遅れている。その要件を定めた法律「電線共同溝の整備等に関する特別措置法」ができた1995年までは、行政は及び腰で、取り組む地域も限られたものであった。実際には地中化には長所も短所もあるのだが、景観形成の上では、電線も電柱はない方がいい、というのが現代の標準的な感覚である。

ところが明治の初期には電柱の姿は文明開化のアイコン、新しい時代の使者と位置付けられていたようで、その印象が当時の絵画の中に残されている。今見ると浮世絵風の構図にはミスマッチと思えるが、新鮮な取り合わせと感じられたのだろう。その後、電柱や電線は日常的な都市景観要素となり、都市の活力を象徴する存在として小林清親や川瀬巴水、岸田劉生といった画家が、構図に効果的に電柱を描きこんでいく。考えてみれば、クロード・モネも、パリのサン＝ラザール駅の蒸気機関車を描いていたように、眼の前の近代化の光景は描きとめるに値する。従って、日本の画家たちが、眼の前にある路面電車・工場の煙突といった対象から電柱・電線だけ外すのも不自然である。

こうした眼差しの変遷を「電線絵画展※」が追っている。なお、この展示の中で興味深いものが、電線を構成する部品「碍子」の美しさであった。単に絶縁する機能を越え、艶やかで力感がある。近代日本が、新技術を邪険に扱うどころか、デザインの対象として積極的に捉えていたとは面白い。

これからも、時代が生み出す新製品と既成の都市像とのあいだには、すんなり受け入れられる関係もあり、軋みを生じるケースもある。電柱・電線のケースは、長いスパンで考えると過渡的なものだったと片づけられるのかもしれないが、新しい流れと向きあった歳月には、いろいろな教訓が潜んでいるように思う。

（2021/04/21 No. 767）

※ 練馬区立美術館で2021/02/28～2021/04/18開催

足回りのよいトラム・宇都宮ライトレール

まちの変化と、鍛える能力

さまざまな施設の複合化は、時代の必然かもしれない。駅ビルのように、駅施設に商業施設や公共施設を合体させるかたちもそう歴史が古いものではない。空港ターミナルビルの歩みも同様である。それらはじつに短いあいだに建築や都市の姿を興味深いものに変えてきた。一方で、駅前一等地に店を構えていた銀行店舗には、カフェを併設する試みが生まれたり、商業ビルの上階に移動したりしているうちに、そのうちに銀行の個人取引が電子化する流れが生まれ、店舗そのものが必要なくなる、という変化が進行中である。本屋やレコード店の看板は、いつのまにか駅前から消えている。スーパーマーケットのあり方も初期とはずいぶん違うものになった。

その中で、もともと複合化された小規模店舗であったコンビニが、さらに積極的な複合化を目指している。イートインスペース設置は定着しているが、発券業務をコンビニが入居して携わっている駅の例があったり、薬局を隣接させたり、24時間のフィットネスクラブ（ファミリーマート）、小規模保育園（セブン-イレブン）、コインランドリーを併設させたりする試みが進んでいる。そのようにしてコンビニが生き残るのはまちにはありがたいことで、働き方が多様化する時代にもうまく対応している。これは隣接業種を刺激するのではないか。既存ビルの改装も一層活発化することになるだろう。

以上に挙げたケースの中には、当初とは発注者が変わっているケースもある。それだけに、建築設計者には新たなビジネスへの想像力が求められるだけでなく、安定的な都市景観を継承するために先を見た判断が求められている。事業の回転スピードがどんどん速くなってゆく中で、建築物のライフサイクルとの関係をいかにうまく調停できるかの能力が問われている。

（2018/01/31 No.608）

那覇の街角にて

建築が伝える、言葉以上に大切なメッセージ

ある短いレクチャーで、建築におけるシンメトリー（左右対称）について解説をした。それに先立って、建築設計とは「建築空間を機能ごとに分割（役割分担）し、主たる機能と支える機能をいかに明瞭に整理するかの作業」であるとし、「材料を合理的に選択・整理して、安全性と持続性、快適性を実現するプロセス」であると前置きをしておいた。

シンメトリーに計画をまとめることは建築のプロトタイプ（原型）と言っていいだろう。まずそこには構造形式の合理性がある。さらに、人に指名を授ける効果、特定方向への誘導効果がある。宗教建築・競技場といった建築分類では、何も説明を加えなくても、中心線が最も重要な意味を持つことを会衆・観衆に語りかける。さらにそれを効果的にするために装飾の抑制・選択が行われる。そこには過剰な言葉を充たす必要はないのだ。他の建築分類型においても、建築の外観と内部空間の中にシンメトリーを巧みに配置しながら、人に効果的なメッセージを伝えようとしている。

さて、最近読んだ『丘の上の修道院　ル・コルビジュェ最後の風景』（范

毅舜、六耀社2013）は、ラ・トゥーレットの修道院（1960）をめぐる論考であり、写真家である著者による瑞々しいショットが多く収められている。2度の大戦に向きあったあとのカトリック世界（それは、カトリックを大改革した1962年~1965年の第2バチカン公会議の前夜でもある）にあって、アラン・クチュリエ神父は、優れた現代芸術家の知恵と奉仕を教会建設に加えることを構想し、アッシーの教会（1950）でまずそのきっかけをつかんだ。そしてル・コルビジェには無神論的傾向があるにもかかわらず、新しい修道院の設計では敢然と指名したと紹介されている。

カトリックの信者である著者は「神は独特の方法で自身の存在を説明し、聖職者と芸術家はその才能によって自己の気付きを表現する」と記している。魅力ある建築の中に宿っている繊細な感情を静かに読み解きながら、聖職者と建築家が異なる眼から究め問いかけ、新たな価値を目指して使命感とともに歩み出していった不思議さを感じたい。そう著者は語っているようである。建築設計と建築計画の歴史の中には、そのようなシンメトリカルな魂がある。

（2013/10/02 No.394）

MIHOミュージアム

建築と、それを取り巻く文化が生き続けるために

優れた建築計画・デザインというものは存在するが、ただちにそれが社会的に評価の高い建築となるかどうかはわからない。コンサートホールでも美術館でも、運営者の継続的努力、登場する芸術家と観衆の反応などが重なりあって、評判が高まってゆく。初動の勢いも不可欠だが、おおよそ10年にわたる積み重ねは続いて重要だ。現実的にその施設ならではの個性あるいは文化が育ってゆかなければ、そしてそれが社会にきちんと共有されていなければ、施設そのものが寿命以前に消滅する危機に陥るであろう。

その点では、カトリック夙川教会は、長い目で見て幸いな歴史をたどったと言える。聖堂は1932年に完工したが、2009年に兵庫県西宮市から「都市景観形成建築物」、2012年に兵庫県から「景観形成重要建造物」の指定を受けたことで、聖堂建築の文化的価値・地域における価値が広く位置づけられた。戦争やいくつもの災害を乗り越えて受け継がれた教会の活動が、聖堂の内外観の継承という文化的業績となっていると言うべきである。信徒や聖職者の持つ信仰に関わる意思は大事であるが、教

会建築が契機となって、地域社会とも心を通わせあい、また演奏会場としても評価されたことで、教会をめぐる一つの空気が形づくられてきたことも見逃せない。

その聖堂の耐震改修に携わってみると、この仕事には、その空気をさらに次の世代へとつなぐ使命が宿ることをあらためて認識した。改修の直接的理由とは、施設を時代に即して安全に維持する社会的責任である。半年ほどかけて柱を安定させ、耐震壁を設け、小屋組を補強し、さらに内外壁を塗装してエレベータを設置し、ステンドグラスを修復する工事を重ね、概ね成果にたどり着いた7月、聖堂の使用が再開された。2012年に迎えた80年目の節とは、ここに建つ建築とそれに関わる活動を、一体のものとして継続しようとする「決断の節目」に他ならない。

(2012/07/18 No.334)

〝神の慈悲〟カトリック夙川教会外壁

鳥の歌、風のそよぎ

フランスの作曲家・オリヴィエ・メシアン（1908〜1992）の作品には、カトリックの信仰との結びつきがあり、神秘的な響きがベースになっている。このメシアンは自然の美しさや日本の俳諧の世界にも関心を持った人で、抽象的・構築的なシンフォニーというより、多様なタッチの作品を連ねた長編詩という趣があらわれる。サントリーホールにおける「峡谷から星たちへ」では、壮麗な峡谷の景観が望め、鳥のさえずりが飛び交い、風のそよぎが奏でられるというものだ（2020年10月6日、鈴木優人指揮・読売日本交響楽団＋児玉桃のピアノ）。私はこの曲を初めて聞いたが、その美しさと精妙さを言葉に置き換えるのは難しい。

その次の日、京都の南禅寺の塔頭の一つ牧護庵で、ささやかな竣工法要が催された。耐震改修が整ったのである。はじめに住職が法要で祈る二つの目的を簡潔に説明し、三人の僧による読経が続いた。静かな秋の昼どきを東山の緑が包み、鳥がさあっと空を横切る。そうして風は御堂を抜けてゆく。経の細かいところは追えないが、木魚の安定したリズムが声の展開を支え続ける。その途中で、メシアンが表現しようとしたのはこういうことなのではと思った。見えない聖なるものと、目の前にある事物が重なりあい、意味が生じるところはカトリックも臨済宗も変わらないのだろう。きっと、宗教として重要なのは、そこに自分がどう関わるかである。

メシアンが作曲に際してイメージしたのが米・ユタ州のブライスキャニオンの光景だという。それはあらゆる地上の風景を超えているが、優美な楽園のようでもない。だからこそ作曲家のイマジネーションを刺激している。一方で臨済宗の空間に在って祈るのは現生の利益ではないけれど、100年続いてきた御堂のさらなる永続を願うことはしている。自然の歴史も長いが、人の営みの歴史も長いのである。

(2020/10/14 No.741)

南禅寺にて

建築は変化し、進化する

建築を計画するときに固有性と普遍性のどちらを重視するかは、時代による振れ幅がある。かつてインターナショナルスタイルが姿を現したとき、誰にとっても明瞭な建築の解に到達した、と皆がそう感じた。私が建築を学び始めた約50年前は、その確信が少し揺らぎ始めた時代だっただろうか。そして、仕事に就いた頃にはポストモダンのデザインが新しい時代の先唱者になり、やがて後景に退いていった。その代わり、身近にあった、懐かしむだけの存在と思われていた土着の建築が、その土地らしいありようを物語るかけがえのない道標に昇格していった。

そのように、建築の価値判断も趣向も細かい変化を繰り返している。たとえば、近代のオフィスビルも固有性の表現から始まり、高層化の技術が進むことで、普遍性の追求も進んだ。のちに東アジア諸国に超高層が林立する時期になると、普遍性と固有性が交じり合うスタイルが勢いを増した。だが昨今は、企業らしさを、外観ではなく働きやすいオフィススケープの創出と運用で語る傾向がある。他にも、昨今の交通ターミナルや空港では、効率性の視点は残るものの、通過点ではなく、滞留時間を増やす趣旨で地域性の演出に意を用いているようだ。

以上のような認識は、まもなく１００周年に達する安井建築設計事務所の道のりを振り返りながら得ることができた。幸いなことに、かつて手がけた建築を改修するケース、同じ敷地で建て替えるケースには恵まれている。ここでは建築の機能は同じでも、計画を選択する基準が変化しているのが興味深い。まさしく、建築の類型が歳月の中で進化しているのである。また、既存建築が別の機能に転換されて生き延びる例も増えてきた。こういう移り変わりを目撃できるのは、なんと幸せなことだろう。

（2024/03/27 No.911）

駅は交わりの場へ（長崎駅）

コンバージョンの中にある物語

１９６６年に村野藤吾氏が設計して完成した「千代田生命保険相互会社本社ビル」は、後年、目黒区の所有となり、この豊かな敷地と建築をそのまま活かして２００３年に目黒区総合庁舎に改修された。その経緯について、改修に携わった設計事務所として語る機会を与えられた（「コンバージョン設計者が語る目黒区総合庁舎」（ＪＩＡ目黒地域会主催２０１５年６月３日）。この機能変換は、「大企業の組織体系＋豊かな福利厚生施設」を「行政の部門系列と市民のためのラウンジ」に程良くスイッチし、合目的に設計された新築ビルにはない、随所に人だまりがある公共空間を生みだしたものである。たぶん、外観の維持・エントランスの改良・耐震改修・議場の新設・「村野階段」の法適合化などのメニューが自然にまとまったのは、村野氏による平面計画やディテールが、細かに空間を切り替えることで形成されていたからでもあろう。

その細やかさに比べて、アルミキャスト板で構成された外皮は、清冽なモダニズムながらも堂々とした姿をしている。いつも思うのだが、この立面から平面計画を想像することは難しい。千代田生命本社ビルにはこのような魅惑的な不整合が至るところに登場するが、公共施設に転換されたために、建築に潜む豊かな物語が分かりやすく浮かび上がることになり、目黒区民をはじめ広く関心を呼ぶことになった。ここは単なる伝統的建築物改修とは異なる興味深い点である。

村野氏は93年の生涯を通じて多様な解答を世に問うてきた。逆に言えば、社会のニーズや建築のスタイル変化にうまく対応してきた、というべきか。目黒での仕事はその時代の世界の建築の動きに「乗っかった」イキのいい名作の一つである。実はこの建築を残した意義は、かつてこの地に千代田生命という企業が存在し、村野氏にこの地の仕事を委ねた歴史をあわせて証明する点にもある。コンバージョンというパターンでの延命は命拾いに近い幸運であったが、結果として、地域の物語に厚みを加える成果をもたらした。安井建築設計事務所は得難い仕事に出会ったものだと思う。

（2015/06/10 No.477）

引き継がれた水盤（目黒区総合庁舎）

カーディフの取り組みに学ぶ

カーディフ（英・ウェールズ首都）に「チャプター・アーツ・センター」という活動体がある。１９６８年に三人のアーティストが集まり、１９７１年から正式に旗揚げし、多くの新しい形態のアートを支えてきた。戦後初期に設立されたアーツカウンシル・オブ・グレートブリテンが伝統的なアートに眼が向いていたため、センターは異なる視点からの問題提起であったようである。長らく旧・高校校舎を本拠としてきたが、ここを２００９年にAsh Sakula Architectsの設計で大改築した。現在の来場者は年間約80万人で、収入の60％弱を民間調達で賄う、自立した組織として運営を続けている。

創設者の一人クリスティン・キンゼイは「あらゆる分野の表現者が、一つ屋根の下で制作を行う。そのことが分野間の垣根をなくし、コミュニケーションを促し、寛容さと協調的な雰囲気の中で想像力が開花する」と述べている。まず、目指す姿の一つはアーティストを刺激し触発する場である。ハンナ・ファース（現在のセンターのディレクター）による「オーディエンスにもっとリスクを取って、想像できない、理解できないかもしれない作品に出会ってもらうことがチャプターの挑戦」という言葉にあるように、地域の文化力を高める場を目指すことも、明瞭に謳っている。

結果的に芸術と地域は共生することに成功した。その要因は、センターにあるカフェやバーのような、アートとは直接かかわらない空間（収益を得る部分）が起こす「人が出会うきっかけ」である。収益を得るためにもそれらは設けられているのだが、一つ屋根の下にアートスペースと交流空間が重なりあうことも効果はありそうだ。

取手アートプロジェクト（以下、ＴＡＰ）は１９９９年のスタート以来、多様な活動を続けており、国内の同じような活動に影響を及ぼしてきた。ＴＡＰのみならず日本のアーツセンターの今後に、カーディフの取り組みが参考になるのは、常に少し先を見通す視野が良好ということか。もちろん、うまく人の力を活用する知恵があるところも。

（2017/07/12 No.581）

天理駅前・コフフン

〈文化人類学の知〉

国立民族学博物館（大阪・千里）は1977年に開館した。以来、世界最大級の文化人類学・民族学を扱う博物館かつ研究施設としての魅力と活力を維持している。活動とコレクションの先行活動は、1970年万博における「日本万国博覧会世界民族資料調査収集団」にある。もちろん一過性の取り組みではなく、梅棹忠夫・初代館長をはじめとする人たちは、この活動を通じてあるべき博物館のイメージを固め拡げていった。このような「民博」創設における知の統合の試みは、その後の博物館づくり、知のフレームづくりに大きな影響を及ぼしている。ちなみに、黒川紀章氏による施設設計はこの方法論とよく響きあう名作であり、彼の目指した社会基盤構築を象徴する成果と考えられる。

ところで、吉田憲治・現館長のメッセージ（ウェブ）には、「異なる文化を尊重しつつ、言語や文化の違いを超えてともに生きる世界の構築をめざす文化人類学の知がこれまでになく求められている」とある。人は、とかく異なる文化をステレオタイプで眺め、判断してしまいがちだが、文化をめぐる状況は固定的でない。開館した当時と比べて、社会は相互理解の方向に進んできたようでもあり、バランスを欠く事態にたじろいでいるようにも見える。「民博」の展示空間も、当該地の基本的な社会構造・文化の基本情報を提供しながら、その社会の現在についても力を入れて紹介するように変わってきた。社会がよりよいものになるために、〈文化人類学の知〉が重みを増しているのである。

今日、好むと好まざるにかかわらず、国の境を越えた移動移住が活発化している。固有の文化と決意を背負う一人一人は、異なる文化と向きあっている。そこで、人は文化を変容させ、文化が人を成長させる。ぜひ、動きのある未来はポジティブに捉えたいものだ。「民博」が語りかける〈文化人類学の知〉は、人が可能性を切りひらくためにも必携である。

（2018/12/19 No.652）

ザンビアの祭り、インドの現在（民博にて）

まちと関わることから

建築は、社会をいきいきとしたものに変えてゆく。そのような建築を構想する力と構築する力は、専門課程で養われるのだが、社会の日常とつながることによって、感覚を身につける部分が多い。設計事務所が地域に開いているのはごく自然な流れである。単に開け放つことでも効果はあるとしても、祭りのようなものに乗っかったり、人とのつながりを起点にして開いていったりする方がよりダイナミックな動きが起こると感じている。

〈祭り〉タイプは〈ハレ〉に向けての取り組みである。企業の立場で地域と連動した「北大江たそがれコンサートＷＥＥＫ」（大阪市中央区）や、建築系企業が連携した「生きた建築ミュージアムフェスティバル大阪」でのオープンハウス企画は、日常の連係がベースになっており、それが基盤を形成する。２０２４年に始まった「東京建築祭」もオープンハウスながら順番は逆で、点と点をつなぐ動きはこれから始まってゆく。

〈人とのつながり〉タイプは、もしかして企業の視点で動くと生々しくなっていたかもしれない。私個人として力を入れてきた「平河町ミュージックス」は音楽家とつながりながら新しい音楽を切り出す場の可能性を模索している。ここでは設計の力にある〈想像力〉と〈束ねる力〉を活かしている。同じく「美術館にアートを贈る会」は美術館とアーティストと観衆のつながりを捉えなおすアクションで、〈問い直す力〉と〈つながる力〉を使っていると言えるだろう。さらに「取手アートプロジェクト」は地域におけるさまざまな専門的立場をつなぐプロセスの先に、つなぐ人材を育てるビジョンがある。魅力的な「個」を重んじるところが、〈人のつながり〉タイプにある面白さである。

なお、こうした活動には〈つなぐ道具立て〉が欠かせない。かつて佐賀県鹿島市で設計した生涯学習センターの竣工を記念して、地域史のテキスト本を編んだことがあった。目に見える明瞭なツールはつながりを活気づけるには大切である。その学びは「アーツ千代田３３３１」の活動に加わった中でもあった。以上のような積み重ねは今年神田美土代町に移転した新しい東京オフィスで生きてくるだろう。まちとつながることは、人を育てることである。

（2017/07/12 No.581, 2024 改編）

北大江たそがれコンサートWEEK（大阪）

その場所にその建築が残った理由

建築が安全であり、健常に保たれていることで、その寿命は延びる。それは一般則であって、建築を生き永らえさせようとする思いが鍵となる事実も見逃せない。たとえば、和歌山県岩出市に残る重要文化財「旧・和歌山県議会議事堂」（1898）も一例である。もともと和歌山城の内堀に面していたが、その後、県庁の竣工に伴って現・JR和歌山駅近傍に移設されて（1938）、民間の事業所に転用される。その後和歌山市中心部一帯は空襲で灰燼に帰したので、議事堂建築は消滅を免れたことになる。

大空間の使い勝手が良かったのだろうか。建築の面構えに品格があったゆえかもしれない。1962年には現在ある根来寺境内に再移設があって客殿として使われたのち、2016年の修復で当初の議事堂の状態に復原され、大空間は多目的スペースとしても使われることになった。この建築を活かそうとする思いのバトンが渡った好例と言えるだろう。

もう一つの例、山形県東村山郡山辺町にあるオリエンタル・カーペット社の本社工場は、低層木造建築（1949）を丁寧に維持して使っている。クオリティの追求は製品にも建築にもまたがっているようだ。同社は緞通

（中国絨毯）のトップメーカーであるが（新しい歌舞伎座でも採用された。）、繊維産業の歴史が長い山辺町の中で、戦前から緞通の技術導入を図ってきた。そのビジョンが、企業と建築を長持ちさせているのである。

別の例では、建築そのものは受け継がれてはいないけれど、阪神・淡路大震災で損傷した後、坂茂氏の手で聖堂が再生されたカトリックたかとり（鷹取）教会（1995、2007）は、ずっと多文化共生社会の結び目の役割を果たしている。鷹取では建築に思いをこめることと、人が集まろうとする力とが、重なりあう。これまで紹介したどの建築も、それが契機となって、地域の活力の維持にもつながっているのだ。建築をめぐるさまざまな歴史とは、その地域に生きた人の歴史そのものだと言える。

（2017/08/09 No.585）

旧和歌山県議会議事堂

ダンバートン・オークスから

政治家ロバート・ウッズ・ブリス（1875～1962）がワシントンDCにある邸宅「ダンバートン・オークス」に住んでいたおり、ストラヴィンスキー（1882～1971）に作曲を委嘱した。それは場所にちなんで室内オーケストラのための協奏曲「ダンバートン・オークス」と名付けられた。管楽器の小気味よさが心地よい名作である。その後この邸宅はハーバード大学に移管されて今日に至るが、1944年にここで重要な国際会議が開催された。米・英・ソ・中が参加した、その名も「ダンバートン・オークス会議」では、国連設立を中心とした戦後構想が議論される。翌年のヤルタ会談、サンフランシスコ会議へと続く最初の模索であった。

会議名が都市ではなく建築物なのは、密議的な空気があったからだろうか。似た例では、古くは織田信長の跡目を確認した、清州城での「清州会議」（1582）があるし、幕末の長崎で坂本龍馬と後藤象二郎が向きあった「清風亭会談」（1867）がある。明治に入ってから、新政府立て直しの議論を戦わせた「大阪会議」（1875）は、会場が花外楼や三橋楼といった料亭であっても、すでに密談という様相ではないこともあり、都市名を冠することになる。

おそらく、今後は建築が時代の舞台になることはあっても、名前が躍ることは少なくなるだろう。当時のカーター大統領（米）は、大統領山荘にベギン首相（イスラエル）・サダト大統領（エジプト）を招いた会談で、「キャンプ・デーヴィッド合意」（1978）を導き出した。しかしながらその後のある大統領のようにツイッター※で政治を操ろうという了見なら、ますます場所の意味は薄れてくるかもしれない。だがそもそも大事な話をそんなところでするものなのだろうか。

（2019/07/24 No.681）

※ 現在の名称は「X」

歴史の舞台 上海

建築がつないでいるもの

建築には多くの物語が潜んでいる。そこには建築を実現させる過程で生まれる物語があり、使いこなす過程でかかわりあう人々の物語もある。あるいはそこで起こる事件も含ませてよいだろう。建築が現実にあることによって、そのようなコミュニティが共有すべき記憶を定着させることができる。建築は知らず知らずのうちに人の心をつなぐというわけである。場合によっては、建築の役割を文学や音楽、美術に代替させることも可能であろう。だが何よりも、建築は身体に直接訴えかけてくる、実によくできた、異なる理解が起こりにくいテクストである。建築とは直接経験していない時空へと人を確実に運んでくれるものだと言える。

たとえば都会の一隅もしくは地方鉄道の駅前などに、古い銀行の店舗がぽつんと残っていたりすることがある。それが小ぶりであろうと壮麗な建築であろうと、エントランスの扉に見られる品格、それを開けたときに広がる思いがけない大きな空間は、かつて銀行に備わっていた地域における存在感を伝えてくれる。今は商業店舗やミュージアムに転用されていても、その体温は確実に残っている。この場合、よくできた建築を延命させるという側面もあるが、コミュニティの歴史をつないできた磁力を活かしているという方が正しいだろう。

このところ、まちの活力を蘇らせるために、ランドマーク的建築を保存活用する意義が認められるようになってきている。もちろん新しい建築で同じような磁力が生まれないはずはない。その土地にある感情や、コミュニティにある熱気を掬い取り、さらにエコロジカルなメッセージを宿らせて形を生み出せるかは、本来の設計者の力量であるとみなされてきた。かくして、建築は現代を過去とつなぐだけでなく、未来の世代の心と結びあわせるために、そこに立ち現れる。

（2024/06/19 書き下ろし）

福知山の街角

夢のつなげ方2　そこにこめられた物語

1

安井建築設計事務所の大阪本社には二つの扉が装飾として保存されている。それらの扉を開けて安井建築設計事務所に受け継がれたデザインを探ってみたい。扉の一つは野村證券の創業家である野村元五郎邸（1935）にあった扉、もう一つは野村證券福岡支店（1953）の扉である。それらは各々の建築において、新たな空間との遭遇の象徴として機能していた。入念につくりこまれた意匠が印象的であり、それを支える鋳造の技量も高い。ここに見られる境地に至る前の1910年代、満鉄の技師として建築設計の実務を始めた安井武雄は、自由な造型への道を模索する中で、西洋建築の基本的な語法を意識していた。その一つが異なる空間同士を仕切る扉に宿る精神性である。今も大連に残る満鉄中央試験所（現・中国科学院、1915）にも印象的な実現があり、後年の山口邸（現・滴翠美術館、1933）や高麗橋野村ビル（1927）でも扉は建築の個性を象徴するものとなっている。

一方で、扉にある非連続と連続の両義性は、デザインの可能性を拡げている。安井武雄を継いだ佐野正一はいろいろなトライアルを進めた。東京国立博物館平成館（1999）の扉は重厚さと透明さを兼ね備え、りそな銀行本店（1991）にある色ガラスを嵌めた扉は、行く手を柔らかく遮りながら、次の空間への期待感をかきたてる効果を生み出している。一方、扉には表情によるだけでなく、それ自体の重さ、把手の感触を通じて、手前と向こうの空間の質を伝える役割がある。サントリーホール（1986）内部のホール扉のありようは、ここで奏でられる音楽の質を支える重要な要素である。佐野正一は、鉄道施設に始まり、空港施設の設計に展開した佐野正一の道筋の中で、空間の役割が切り替わるゾーンについての見識をより深めたのではないか。

こうした先例を受け継いだ現在の我々も、今もさまざまな扉を試みている。セキュリティの厳重さは時代とともに進む一方で、空間を積極的に媒介する役割は高まった。たとえば、大阪国際中学校高等学校（2022）では、教室を出た廊下も学びの場として位置付けており、扉は両面にある学びの場同士を橋渡す役目がある。また、廊下の壁に単調に教室の扉が並ぶのではなく、物語を構成する壁の中で、それぞれの扉は重要な構成要素

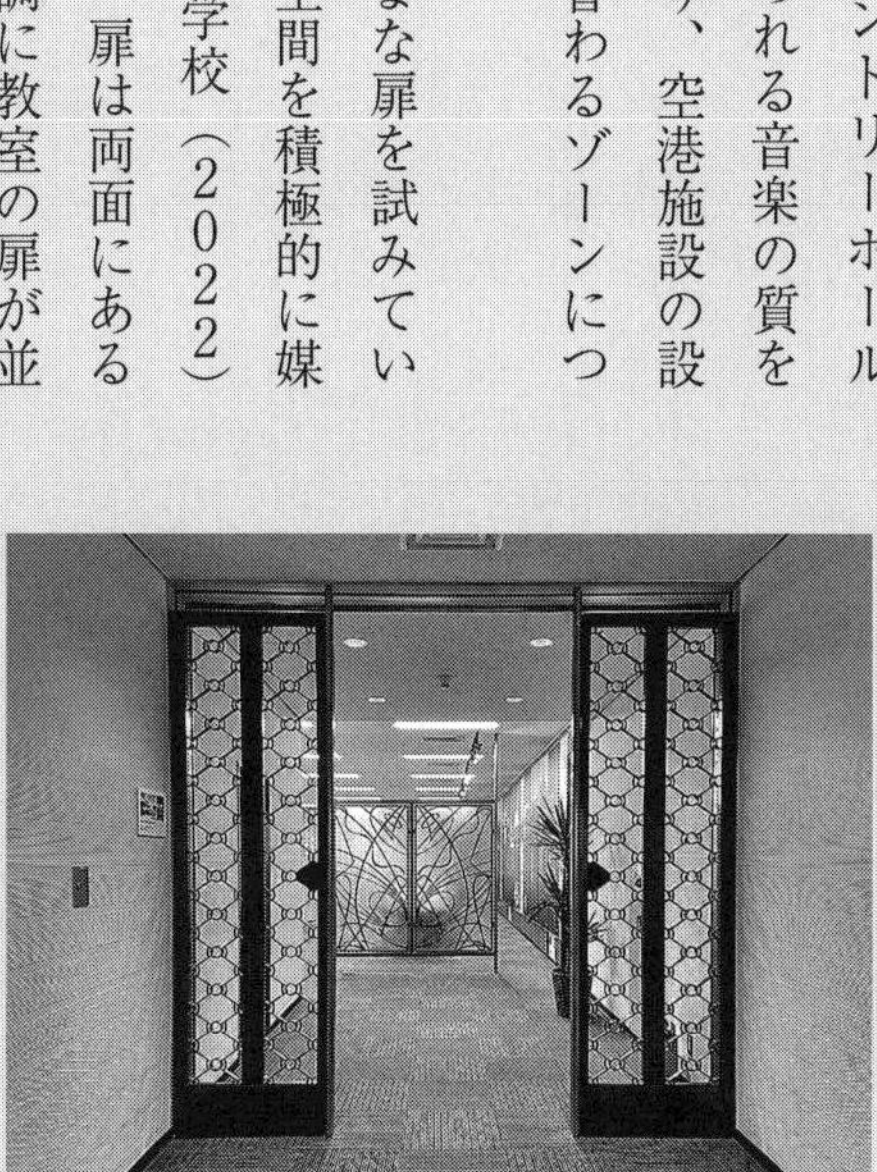

野村證券福岡支店扉（奥）
野村元五郎邸扉（手前）

となっている。かくて扉はそれぞれの時代の願いを宿しながら、設計者のこだわりを誘発してきたと言える。

2

さて、もう一度時代を遡って、建築のファサードについて考えてみる。大阪ガスが、のちに大阪ガスビルディング（1933）を建設する土地を入手しようとしているころ、同社の片岡直方《なおまさ》会長はシカゴに出張していた。そこから本社に電報を打ち、スクエアな街区全体を買うべしと指示があったという。片岡氏はワンブロックに一つのビルがある都市計画を当地で目の当たりにしていたのである。シカゴのそれは都市防災や衛生面においても教科書のような都市計画であり、最先端の建築計画だった。

もっとも、当時の大阪ガスではまだそこまでの面積・容積は必要なく、実際に竣工した大阪ガスビルディング（南館）は、街区の南半分だけに留まり、しかも最初はテナント貸しもするビルであった。幸い、社業は戦後に大きく伸び、北半分の増築（1966）を佐野正一がまとめて見事にワンブロック・ワンビルディングが完結したということにもなる。安井武雄と佐野正一それぞれが手掛けたデザインを見れば、共通性を持ちながら、その時代の技術やオフィスのあり方を投影している面白さがある。ガスビルには美しさの中に現実の火が灯っているのである。

後年、私が東京汐留ビル（２００５）の設計に携わったときに、海外の建築家に高層ビルデザインの知恵を求めようということになった。即座に浮かんだのが、知人がいる、シカゴの大手事務所Ｐｅｒｋｉｎｓ＋Ｗｉｌｌとの協働であった。この仕事では私自身が二度の出張をし、シカゴのモダニズムの高層ビル群を窓越しに眺めながら、外装の大きな面をきれいにさばくための議論を彼らとしたことを思い出す。安井武雄がシカゴを訪れた１９２０年代は、モダニズムがスタンダードではないから、私が参照した景観とは印象は違っていただろう。結果としてできたグリッドのファサードデザインはシンプルな構成で、シカゴにも似合う立ち姿だが東京のタウンスケープの中で涼やかな顔を見せている。シカゴは私にとっても教科書となった。

東京汐留ビルディング／コンラッド東京（２００５）

©川澄建築写真事務所（村上 進吾）

続く話題は建物の頂部である。安井武雄の卒業設計が和風住宅であることはよく知られている。満鉄時代の安井はそのテイストを抱きながら、どこかに和風と洋風が守備位置を入れ替えたようなデザインを追求していた。滴翠美術館や大阪倶楽部の屋上は、デザインの整理に努めながら、洋とは異なる要素をさりげなく「炊き込んで」いる。屋上のデザイン密度を高めながら、モダニズム的な解き方から少しばかり逸脱を試みている。

その点では佐野正一が、サントリー山崎蒸留所　旧製麦場（1959）の屋根を象徴的にまとめたところは安井武雄の趣向を前進させている。これ程の造形は例外的で、佐野正一は合理的な平面計画を追究する中で、建築が空と接するところで純粋なモダニズムに微妙な変化を加えるまとめ方を基本的に好んでいた。一方で、東京国立博物館平成館（1999）、友愛の丘ゼンセン中央教育センター（1976）、戸塚カントリー倶楽部（1997）といった屋根を主役に割り当てた仕事では、壁面の表情をクールにまとめ、屋根の美しさを際立てている。

ここのところは最近の東京国際クルーズターミナル（2020）にある

自在な表情の屋根も同様で、安井建築設計事務所が受け継いできた解き方に連なっている。デザインの手は違っても、どこかにこだわりのバトンが渡っている感じは受ける。

（『KENCHIKU新聞34号』２０２３年1月31日発行「安井建築設計事務所の軌跡②」建報社）

東京国際クルーズターミナル（２０２０）

©黒住直臣

3. 課題の中に未来がある

3　課題の中に未来がある

震災の記憶――阪神・淡路大震災

1995年1月17日5時46分。それはあまりにも突然の一撃だった。私の自宅のあった兵庫県西宮市の住宅地・夙川は、声の出ない恐怖に包みこまれた。暗闇の中でも事態は分かっている。何か上限を突き抜けたできごとが起こったのだ。隣家も、道路も鉄道も、見慣れた風景は一瞬にして深い傷を負った。夜が明けてみれば、角を曲がるごとに人の命が失われていた。それからの数日、壊れた風景には徐々に慣れてくるのだが、からだとこころは硬直し続けていた。救急車とヘリの音は日毎に減じたものの、夜になると変わって不気味な静けさに覆われるようになった。電気はその日のうちに復旧したが、水道は止まったまま。住民は荷物を抱えてどこかへと消え、ハードだけではなくコミュニティまで消失してしまった。

そうした初期の孤立に始まり、やがて給水車が街角に停留し、学校は避難所となり、解体工事の土埃が舞い出し、仮設住宅が姿を現し、まちとコミュニティはゆっくりと再生を始める。それらの過程の中でボランティアの働きはめざましく、あらゆる点で未整理な状況にあった中で、復旧の動きを加速させる役割を担っていた。それぞれが何らかの意味でまちづくりの実験に参画しているという気概を持っていたように思う。携帯電話が普及する前の時代でもあり、自然発生的に育ったミニコミ誌も細かい生活基盤情報をよく伝えていた。被災地に生まれた創発性のある動きは、１９９８年のＮＰＯ法施行に確実につながっている。

自治体も精一杯の努力をしていたが、復旧のマネジメントをどの程度しっかりやっているかは被災地にいる「個」には見えにくいところがあった。本領を発揮し始めたのは震災から数か月後になってからだったが、明らかに自治体への権限委譲の問題が大きな壁になっていた。こういうケースでは国には期待できないものと悲観したが、その後の災害では、むしろ国や各機関の中央は能動的であるべきと感じた。

この震災では、まちが落ち着きを取り戻すまで10年を要したし、神戸市の経済が再始動するにはさらに時間がかかった。私の身に降りかかったこの災害には多くの課題が残されたが、あれからも多くの災害が続いた。大事なことは共通の対策マニュアル整備以上に、事例を通していろいろな手の打ち方を学んでおくことではないか。

（2024/05/03 書き下ろし）

おだやかな小路——芦屋の小径

大事なのは、コミュニティの再生

社会には、自らを大災害から守る責務がある。2024年の視座から振り返れば、幾度も危機に向き合ったコミュニティは、そこで多くの知恵を汲み上げる結果を得たと思う。一つ一つ貌を異にする大規模災害は、建築とまちのあり方を細かく問い直す契機になっている。歴史の中ではそうした例は枚挙に暇もない。偶然の災害が必然の改善を育むことはある。社会には災害を乗り越えて生き延びる責務がある。

言うまでもなく、地震は断層に沿って帯状に被害をもたらすが、土地の性状によって細かく被害が分かれる。阪神・淡路大震災の時期ではハザードマップの整備が十分でなく、そのために状況把握や救助活動を読み違える原因の一つとなっていたことを記憶している。広域に影響が及んだ東日本大震災では、現地へのアクセスの困難が地域に何が起こっているかの理解に時間を要したはずである。実際に、津波でも大火でも、まちの通りを隔てて全壊と無傷の明暗をわけているところはあちこちにあり、心理的な傷も、近傍であっても大きく度合いが違っていた。ここは復興にあたっては丁寧に扱うべき点であった。

さらに、地域固有の事情はコミュニティの再生に影響を与えた。高齢化・人口減少が進んでいる地域での再生力には限界がある。新しい雇用創出がなければ厳しいから、制度的支援は手厚くあるべきだろう。都市の密集地での広域被害は、それを機に区画の整理や再開発事業が一挙に進み、明るく安全なまちに変貌する例もあった。しかし、それが単純なジェントリフィケーション（都市の富裕化現象）につながると、コミュニティとしての再生が後回しになってしまうのではないか。

また、どの災害でも学校が果たす役割は大きい。非常時には学校の諸室は避難所や救援基地、状況把握の拠点機能が期待されている。各学校とも授業再開などで悩みを抱える中で、生徒の安否や避難先の把握、通学路の安全確保などにおいては、日常からの生徒やコミュニティと学校との連携の強さが問われることになる。現在、各地で統合計画が進む公立の小・中学校では、学校と地域の距離を縮める機能に注意が払われている。重要なのは、それが緊急時に地域と連携して実効性を発揮できるかである。災害からの再生は力業だが、よそよそしいコミュニティがぬくもりのある関係に変わる好機になればと考える。

（2024/05/03 書き下ろし）

マーチエキュート神田万世橋——コミュニティの忙しいハブ

ビジョンを描く——東日本大震災から

２０１１年の東日本大震災を、私自身が体験した阪神・淡路大震災と重ね合わせて考えることが多いのだが、広域にわたる被災規模も含め、東日本大震災は遥かにスケールが大きい。東日本大震災も阪神・淡路大震災と同じく、かたちの再建とコミュニティの再生というテーマを含みながらも、エリア一つ一つが様相とテーマを異にしている災害群であったと言えるだろう。

宮城県南部は農業再生の課題に直面し、港湾再建の問題も残る。同じ産業再生でも三陸地域と石巻市が抱えるテーマは違っている。時間を要する原発周辺地域の再生は別の大きなテーマとなってくる。

それぞれの再生を誰がどのように担い、マネジメントしてゆくのか、手順はひと色で描けるものではない。制度面での国のリーダーシップが期待されるものの、地域分権の流れに立って考えるとき、地域自らが再生の主体となることが望ましいであろう。ただし現実に再生を推進するとき、そこに建築分野を含めた多くの専門家が加わって知恵を出し合うことが適切にプロセスを支える。専門的知識と判断力、構想力が長期に関わることは不可欠なのである。

被災後の場面で知恵を出し合うことの中には、震災に直面する現実の解決とともに、将来起こりうる災害へのリスクマネジメントをどう考えるかが含まれている。2005年の宮城県南部地震や、2006年の中越地震の経験の中で、日本は災害に堪える技術をどう実現するか、人と人とのネットワーク、情報のネットワークをどう活かすかを身につけてきた。東日本大震災では発災直後においても復旧復興においても、進展していたネットワーク技術がいくぶん支えの役目を担ったかもしれない。そこは阪神・淡路大震災の時とは異なるもので、被災地を再生するために、情報技術とコミュニティ活性化は効果的に組み合わせるべきである。だが、地域経済を上昇させるための基礎的要件は強くない中で、多くの困難がみられる。地震が起こらなくても東北の人口はゆるやかに減少してきたのである（全国的な傾向であるが）。そうした遷移の中にある教訓も、やはりロングランで汲みあげてゆかねばならないだろう。

（2016/03/09 No.514,『まちなみ』2011年8月号「東日本大震災特別寄稿」一般社団法人大阪府建築士事務所協会より抜粋）

代々木公園にて

雪の教訓

２０１８年の1月から2月は全国的に寒波が襲った。鹿児島でも何度かの降雪があり、私も横浜市内での積雪を経験した。太平洋側の都市は相変わらず自然災害に対して脆弱である。一方で雪をよく知るはずの新潟や福井でも、道路や鉄道の扱いかたがうまくゆかないケースがあった。2月の福井では、結果的には幹線道路への車の流入を早めに止めておけば良かったのだろうが、こうした予測を越える事態での経験は将来への教訓となる。福井は「38豪雪」（１９６３）と「56豪雪」（１９８１）と呼ばれる困難を語り継いできたが、自然災害は同じようには起こらない。時代も違う。当時から比べると、流通ネットワークの拡大によって、雪害の影響はその地域に留まらなくなる。日本全体が雪害に対するリスクマネジメントを意識する必要があるだろう。雪害は日本の未来に関わる問題である。

建築基準法は、雪に向かう構えを常に意識してきた。従来から積雪荷重は、施行令と細則によって、地域ごとに細かく規定すべきと示されている。直近では、国土交通省は２０１７年12月に、降雪後の雨が荷重を増加させる事象に鑑み、緩勾配屋根の荷重条件を強化することを表明した。

現実には、雨でなくても、日が経つと屋根の雪は重くなるようである。早めの雪下ろしによって家屋を守るのは多雪地帯の常識らしい。

その雪下ろしについて、施行令86条には、「雪下ろしを行う慣習のある地方においては、積雪荷重を減じる」ことが謳われている。実際には、今回の福井では、「38」と「56」の頃から世代構成が変化し、高齢世代が雪の処理に汗をかいていたという。雪下ろしの慣習というのも、いつまで、どのように可能なのだろうか。基準法でできる解決は限られている。日本のリスクマネジメントの一つとして考えたいところである。

(2018/02/14 No.610)

雪の山形駅

水害とつきあうこと

近年の日本では夏の時期、毎年違った形で豪雨災害が起こりやすい。2018年の西日本豪雨をはじめとする、河川の急な増水・決壊による被害が近年相次ぐ中で、熱海での土石流は衝撃的だった。2014年に広島の住宅地を襲った土砂災害を想起させるものである。広島の災害以降、「線状降水帯」という用語が広く使われるようになっていたが、2021年の熱海の災害の要因は同じような集中・継続した雨量でもあり、この地特有の地質でもあり、さらに山の頂部の盛土崩落とも言われる。結果として逢初川という短い流れを擁する谷あいに構えた住宅が縦列的に壊滅した。

一般論として、一つの川筋に潜むリスクというものは、どこまで住民に共有されたものになっているだろうか。たとえば、阪神間（兵庫県）では東西に延びる六甲山系に発する複数の河川が、1938年の阪神大水害をはじめとする水害に直接的被害をもたらし、1995年の阪神・淡路大震災では水系の性状によって被害が異なった。そういう経過もあって、この地は縦方向の水系への関心がある。水系は大きなリスクを宿すが、実は日常的には防火帯でもあり景観要素であることが常時の関心を呼ぶことにつながっている。ほかに話を拡げてみれば、国際河川・ドナウ川の航路の安全や環境保全などは、国際対立を乗り越える理解とさまざまな協約に支えられることで、川が経由する10か国の生活や経済に好ましい影響をもたらしている。

熱海の行政や住民の意識が薄いわけではなかっただろうが、今後もこの地を居住コミュニティとして維持しようとするならば、水系で起こる工事の適切な監視や、水系の保全と活用といったテーマをより掘り下げてゆくべきなのであろう。災害は不幸ではあっても、将来へ向けての始まりであってほしい（その後災害復旧と河川整備が進んでいる）。

（2021/07/14 No.778）

いつもは穏やかな伊豆の山と海

公は企み、民は考える

大災害からの復興もしかり、社会を適切にかたちづくるには、官民が円滑に連携しなくてはならない。それがＰＰＰ（官民パートナーシップ）の趣旨である。社会資本の整備を目指してつくられた概念だが、協働するプロセスの中で立場が違う同士の良好なつながりができあがることの方が大きいであろう。別の表現で言えば、何らかの目標がなければ官と民はなかなか結びあいにくいくらい、思考パターンは異なるのだ。

第二次安倍政権は、〈経済成長〉を目指すためにさまざまな政策を提言していた。前回の第一次政権時が〈戦後レジームからの脱却〉であったことを思えば、ずいぶん現実的な「看板」となった。それは民主党政権の後という事情もあったのだろう。その民主党は菅政権のときに〈最小不幸社会〉というキーワードを使い、それなりの存在感を放っていた。このように、日本の政治（だけではないが）は状況によって割り切った仮説を据えようとする。たとえば、当時の橋下・大阪市長がこだわったテーマは〈組織の風土改革〉であるように見えた。

２０１３年、ソニーは自社のソニーシティ大崎や、米国本社ビルを売却した。急展開だったが、企業活動の日常に変化があったわけではなく（建築にも変化はなかった）、経営面で資産圧縮を進めている中でのチョイスに過ぎない。政治家とは違い、民間は仮説に基づいて行動したりはしないのである。一方、アルジェリアでの悲惨な事件※に見舞われた日揮は、いっそうのリスクマネジメントを徹底して、現在も海外展開を続けている。この事件について言うなら、政府が果たす役割があり、それほどの体制が整っていない企業の海外活動に対して、情報入手や有効なサポートで先手を打つことが期待されていた。先を読む気概がなかったり（予想が外れることは問題ではないのだ）、民間と連携できなかったりする政治では役に立たないのだから。

（2013/01/30 No.360, 2024 改編）

※　ガスプラント施設で起きた、イスラム武装勢力による襲撃事件

官民が連携すれば都市景観も美しくなるか（銀座から丸の内）

さて、エネルギー政策の展開は

決断し実行するのは政治の使命なのだけれども、議会という組織体に期待したいのは長期的視野に立った評議である。どうしても選挙では個々の主張が前面に出るのだが、議会の一員になったら、一緒になって腰を据えた議論を積み重ねることを望む。たとえばエネルギーに関わる課題は複合要素から成り立つ。原発をめぐる今後・エネルギー需給状況・地球温暖化の動向をふまえて冷静に政策を構築し、手順を整えて課題を解かねばならない。ぜひ、政争抜きで進めてほしい。

今、日本のエネルギー政策は、エネルギーの安定供給を基軸とした〈エネルギー効率の改善〉と〈新エネルギーの導入促進〉を両輪に置く。それを背景にして、2012年7月に施行した「再生可能エネルギーの固定価格買取制度」は着実に普及した。制度の手直しが将来あるとしても、この動きは適切に育てたいものだ。電力会社や自治体、多くの民間企業が制度活用に取り組んでおり、2012年には80か所ほどであったメガソーラー発電所（太陽光発電所の中で出力1メガワット以上を指す）は2019年には6000件を超え、その後2024年には約10000件※に達しているから、これについては伸びはいい傾向だ※※。

環境事業は、民間企業にとっては企業価値を高める可能性があり、自治体の財政危機を切り抜ける切り札にもなるかもしれない。それぞれの思惑は結構なこととして、環境事業においてもエネルギー問題も、地域や国境を越えるグローバルなテーマであり、個々の成果が日本や世界の公益につながることを忘れてはならない。とりわけ、東日本大震災からの復興は国際的にも注目を受け続けていたので、新エネルギーへの取り組みが進む東北地域において手ごたえある成果が出ることは、日本発の意義あるメッセージとなるだろう。

（2013/07/24 No.385, 2024 改編）

※　出典：エレクトリカル・ジャパン（Electrical Japan）
http://agora.ex.nii.ac.jp/earthquake/201103-eastjapan/energy/electrical-japan/type/8.html.ja

※※　これは２０１３年当時の傾向であり、その後は太陽光だけでなく風力など再生可能エネルギーのバリエーションも増えた

環境に優しい札幌の「アシ」

環境から平和へ

2019年国連の演壇で、スウェーデンの環境行動家グレタ・トゥーンベリ氏が、気候行動サミットに出席した政治家に向けて強い口調で語りかけた。直接的には環境政策において結果を出していない政治への要望（問いただしに近い）であるが、若い世代からの政治不信を表しているようでもある。それは、各国首脳は差し迫った環境危機を最優先のテーマとして捉えていないのではないかとするメッセージ。当時、日本からは就任したばかりの環境大臣が座っていたが、今後は、環境問題は最も能力の高い閣僚によって推進されるべきことが明らかになった場面でもあった。もちろん映像は世界中に流れているわけで、環境をとかくスマートに語ってきただけの市民や経済人にも十分衝撃を与えたと思う。

たしかに地球はすでに課題を背負っている以上、これからの社会変化をどのように支えるのかについて、かなり周到に準備を重ねなければならない。2100年には地球の人口は110億を越え、アジアは47億超、アフリカは44億超の人口を抱えると言われる※。ヨーロッパにおける環境政策は、すでに国の安全保障そのものであるし、アフリカにおける農業技術は、増加する人口を支えるために大きな革新が求められる（効率的な農業と、諸分野での人材の活用）。良い意味で「課題先進国」である日本ならば、多くの知見が用意できるはずである。今日の世界平和とは、技術革新とその適切な手段共有によって具体的な達成目標を組み立てるべきテーマになった。もはや軍事や通商での二国間対立や駆け引きを煽っている場合ではないだろう。

国家や自治体、企業がＳＤＧｓに熱心に取り組むのは大歓迎である。しかし、環境はひとつながりのものだから、取り組む主体が連携し役割分担することで、初めて目標は達成可能となる。先進国が成果を達成しても、開発途上国にしわ寄せが及べば、地球環境の劣化を止めることはできないのである。

（2019/10/02 No.690, 2020/11/25 No.747, 2024 改編）

※ 参考文献『２１００年の世界地図』（峯 陽一、岩波新書２０１９）

季節が移りゆくきざし

変わる発注、新たなリーダー像

私がウェブマガジン「建築から学ぶこと」を執筆し始めた2005年にはSDGsという言葉は世に定着していなかった。それが、先ごろ高校で「出前授業」で環境をめぐる話をしたときには、一から定義しなくても生徒の頭に入っているくらい進んできた。むしろ若い世代の方が環境危機を切実に感じているようで、理解の裾野が確実に広がっている。環境建築の取り組みも深まった部分があり、もはやSDGsは日常的に語りあえる言葉である。とは言え、そこで扱っている社会課題の解決は先が長い。

建築のつくりかたについては、官と民の間の線引きで新機軸が次々と登場している。民間活力の導入が進み、政策への市民参画もステップアップした。NPOは社会の基盤として機能し、近年ではクラウドファンディングや企業版ふるさと納税といった資金調達が、孤立していたプロジェクトの推進力となり、消費行動をダイナミックに変え始めた。

日本でも、企業経営の透明性、社会への寄与にこそ価値があるとみられるようになったが、消費行動における大きな変化は、東日本大震災がきっかけになっている。興味深いのは、その後の日本で、いわゆる「応援消費」

と呼ばれるボランタリーな心根が、新たなマーケティングの視角、クラウドファンディングによる調達、さらにふるさと納税といった新制度と結びついたことであった。これまで寄付文化がなかったと思われていた日本が、自律的ルールを形成しながら、いつのまにか興味深い成果を挙げつつある（『応援消費』水越康介、岩波新書２０２２参照）。もちろん、デジタルの進化がこの結びつきを加速させたことがその背景にある。

たとえば建築の実現というテーマでも、「応援消費」を活用して広く資金調達する例が増えてきた。改修やアートや備品の購入であれば扱う金額が小さいが、総じて調達の回路が拡大する局面にある。一方で、プロセスの選択肢が増えれば、そこでの透明性、プレイヤーそれぞれの倫理的・社会的責任が問われるのも自然である。すでに公共工事と民間工事の境界は流動化し、古典的な建築生産や専門領域の区分も揺らいできている。おそらく、その中で誰が価値創造の「正しい」リーダーとなるかが問われるだろう。

（2022/08/03 No.830, 2024 改編）

この景観は、さまざまな時代の取り組みの歴史（愛知県半田市にて）

日常の災害から

建築に関わる災害の約8割は日常災害に由来すると言われる。転倒や転落、入浴中の溺死など、いろいろなタイプが該当する。こうした災害にはすべて原因があり、決して不慮の事故とは言えない。建築の設計者には矛盾した要求条件をまとめあげる使命と責任があるが、とりわけこうした災害発生を防ぐために全力を尽くさねばならない。

建築基準法には、手摺の設置や耐火性能、換気面積をはじめ、建築の安全性に関わる多くの規定がある。そうした法令や条例を守ることは最低限必要であるが、法規がどのような日常災害を想定しているかを理解しておくことの方がさらに重要かもしれない。真の問題は階段に手摺があるかどうかではなく、それによる人の滑落が起こるかどうかなのである。そういう理屈は、建築構法の基本原則に盛り込まれているはずである。思い切ったデザインを試みる場合は、こうした知恵に立脚しながら危険に対応する策を講じることが望ましい。

また、日常における事故はあいまいさの中で起きやすいものである。おさまりが解決できていない図面は論外だが、発注者と設計者、施工者のあいだの盲点、情報共有不足をいかに消すかも鍵となる。
施工段階で課題を発見したら、誰が費用を負担するかはともかく、速やかに解消しておかなければならない。また、発注者に引き渡す時点において、あるいは設計途上において、使用時の安全対策について十分な情報提供をしておきたい。機器の定期的なメンテナンスは、建築がただしく能力を発揮するために不可欠であることは特に念を押しておくべきであろう。
となると、ながらスマホで起きる転倒事故とか、ノロウイルス感染とか、新しい社会事象を建築として解決できることはないかどうか、創造的思考によって臨む姿勢も重要である。

（2017/03/15 No.564）

稳やかな日常

謙虚なコミュニケーションが幸運を生む

成果に対する社会の評価、社会が認める功績というものは、往々にして当人が目指したものを越える。人の行動は常に社会との相互コミュニケーションである。芸術作品の場合では、あざとい意図だけでは生き残れはしないだろう。狙い通りのヒットなど簡単に起こるものではないのだ。

経営も同じである。大西賢氏は、日本航空のトップ就任時に、経営再建を短期で成し遂げている。長引くと社員の意欲維持が難しくなるという判断に立ち、課題をシンプルに絞り込むことに成功した。自分は前社長の改革方針を実行したに過ぎない、と大西氏は語っているが、まさにやるべきことを（きちんと）徹底できる優秀な理系経営者と言える。コミュニケーションの取り方の謙虚さが幸運を呼び寄せている。

社会貢献についても考えてみたい。古来「陰徳あれば必ず陽報あり」と言われ、陰徳を積むことこそ敬意を払われるとされるが、陽徳とて悪いものではない。重要なのは、そこに正常なコミュニケーションが成立しているかである。立命館大学が建設を進める※「平井嘉一郎記念図書館」（総合図書館）の名称は、平井氏が生前大学に対して積んだ陰徳に始まりがあるものだが、そこには没後の資金寄贈を含め、大学からの敬意がこめられていると言えるだろう。市民の募金を集めて建設された「吹田市立スタジアム」（現在名称はPanasonic Stadium Suita）では、壁面への氏名表示や、地鎮祭時に敷地に協力者全員を招いてのキックオフパーティ開催など、相互方向の関係づくりが試みられる。発注者の配慮工夫が細やかで温かなのは実にいい。

小さな例だが、私の母校の建築学科の学生たちは、各々の卒業設計を中心とした作品集を編んでいる。大学の予算ではなく独自の資金確保に努めながら毎年続けている。私はその進め方を初期からアドバイスしてきているが、立ちあがりの頃に促したのは、寄付金の入金を確認したらすぐに相手にお礼状を書く習慣を定着させることだった。それは学年が若返っても実行されており、そこで生まれた謙虚なコミュニケーションが次年の協力関係につながっている。人と社会を結びあわせるために丹精こめることはとても大切なのだ。

（2014/02/19 No.413）

※　2016年に竣工

©エスエス（津田裕之）

立命館大学衣笠キャンパスの新たな顔

祈りの場から、見る未来

２０２０年は新型コロナウイルスの流行を受け、中国・武漢で、10日で病院が新設されたスピードには驚いた。一方で患者へのアクセスが制限され、家族でも身内との別れができない例が至るところで発出した。果たしてどこで穏やかな祈りが捧げられたのだろうか。明らかに死がおろそかにされている。

新型コロナウイルスの流行と時を同じくして、キリスト教系の高齢者居住施設が竣工した。新しい施設には聖堂が設けられて、日曜毎のミサが催されたり、祈りの場として使われたりする。それはとても穏やかな空気に満ちた場所だ。キリスト教系施設には学校や病院にも当然のようにこうした場があって、日常の中に「祈り」が組み入れられている。そこには感謝の祈りも苦難を乗り越える祈りもある。仏教系施設だと、施設内に何かを設けなくとも敷地に接する寺院との連携利用はあるだろう。また、ある病院では、隣接して大きな神社があり、そこで熱心に祈る人たちを見かけたことがある。これらに共通して営まれているのは、聖職者のサポートを受けつつ、自らの運命を静かに大きなものに委ねるアクションである。

とは言え、近代以降の建築計画・都市計画では、祈りの場が見えにくい。それでも、病院においては目立たない霊安室、ホテルではアイコンになるチャペル、各地の国際空港ターミナルビルでは祈祷室（主としてイスラム教徒利用を想定）など、時と場合によって祈りを受け止める場所は設けられている。住宅にある仏壇も大事な役割を果たす場面がある。これらを計画上で主役にするのは難しくても、祈る行為には、実際に潜在的ニーズがあるのではないか。

このところ、リアル＋リモートの組み合わせで次の社会像を考える動きが活発だが、祈りはそれ以前からリモートを橋渡す手段として続いてきた。その視点も加えて社会の未来を考えたいものである。

（2020/08/26 No.734）

あたたかく迎える聖母子像——ドムス・ガラシア（尼崎）

新型コロナウイルス――最初の「出口」にて考えること

２０２０年４月７日、東京・神奈川・埼玉・千葉・大阪・兵庫・福岡の７都府県に緊急事態宣言が発出され、さらに４月16日には対象が全国に拡大された。コミュニケーションの方法が急速に変わった。

５月に入り日本国内の緊急事態宣言がすべての地域で解除された頃、こわばった空気は幾分和らいだが、この時点で、３月あたりからの社会の変化を丁寧に検証しておく必要があると私は感じていた。前向きなコミュニケーションの変化としては、「リモートでの働き方の進展」がある。ある程度のリモート業務がデジタル技術で可能になり、時差通勤も普及した。移動に制約がかかって始まった、ウェブ会議やウェビナーも活気づき、諸方面でオンライン手続きにも違和感がなくなっていった。ウェブを活用した状況は働き方の多様化を後押しし、さらに異なる場所にいる人材と知恵の結び付けを促した。その流れの中で、「オンライン」と「出向く機会」とをいかに賢く組み合わせるかが問われ、それに応じて起こる建築計画の変化の中では、交通の結節点の姿や役割がどう変わってゆくかに特に興味と期待を感じていた。

2020年の夏になってからは、スポーツもライブも演劇も再開したが、それでも会場の収容人数を減らし、十分な離隔を取ってのパフォーマンスだから、見えている景色はいつもとは違った。応援の静かな野球場では、観客が少ない分、ミットに収まる球の音がしっかりと聞こえ、ゲームの質がクリアに感じられる。野球もサッカーも、スポーツ固有の型まで変わるわけではないが、ステージでのプレイヤーは、お互いの距離を取ることで新機軸が現れていた。演劇では、力量のある俳優が少人数で演じるチャレンジがあり、音楽ではハーモニーをうまくつくるためのぎりぎりの模索を試みる。

表現者の視点はさまざまだ。大事なのは、時代の現実にどう呼応するかより、危機的な局面で自らの力をどのようなかたちで表現するかで、そこに個性とプライドがある。建築では、昨今オフィスの新しいあり方の追究が進んでいるが、これは時代に受け身で応ずるのではなく、建築の力が主体的に導き出すべきものであろう。

（2020/05/27 No.722, 2020/04/08 No.716, 2024 改編）

「受付カウンターの感染予防」安井建築設計事務所

新型コロナウイルス――デジタル化はどう進んだか

その後も、人と人とが接触しないウェブによる会議・打ち合わせは定着していった。距離を越えるネットワーク技術が充実すれば、遠距離移動による打ち合わせがシフト可能になる。これは自然災害による交通途絶のケースにも適用できそうだ（応急危険度判定の業務にも一部使えるかもしれない）。建設現場を完全に遠隔地から指示・制御するのは難しいが、出向く回数を減らすことができれば、関係者が創造的な業務に充てる時間も増やすことができる。

コロナは、日本社会のＩＴ実装を加速したが、まだまだ、その使い方に熟達しているとも言えない。ネット上できちんとした議論とビジネスを進めるには、もっと情報の容量もスピードも高めたいし、また、論点の集約方法を磨く必要がある。ネット上の議論は、往々にして同質の仲間の予定調和になったり、直接民主主義的な意見のぶつけあいに陥ったりする。対面による緊張感ある議論のレベルには達していないのではないか。ここから先の我々は、オンラインのさらに善き使い手になるにはどうしたらよいかを考えるべきだろう。

今回、建築分野だけでなく、対面でなくても済む仕事は多々あることがわかった。国土交通省ＢＩＭ[※]推進会議がまとめた「ＢＩＭ標準ワークフロー」には、建築生産プロセスを通じてデータを活かしてゆく視点があるが、そもそもＢＩＭ推進とはプロセス明瞭化・効率化を引っ張る使命があったはず。そうであれば、検定・講習・届出・登録・検査などの手順をウェブでこなすことも一気に進めてはどうか（図面保存は先行し、ＢＩＭによる建築確認はその後実施へと向かっている）。感染症のこのタイミングは、建築主や行政を巻き込んでのデジタル改革を進めるきっかけになったといえるのではないか。

（2020/05/27 No.722, 2020/04/08 No.716, 2024 改編）

※　ＢＩＭ＝Building Information Modeling

変わる春

働くかたち

１９９９年、小渕政権下で「男女共同参画社会基本法」が公布・施行された。その二年後、小泉政権下の内閣府に「特命担当大臣」と「男女共同参画局」が設置され、今日に至っている。局の前身は総理府に設置されていた男女共同参画室で、少子化が社会の話題となってきた１９９４年の発足だから、女性の社会進出と少子化、高齢化社会をめぐる問題は隣り合わせで進んだようである。育児・介護休業法の整備も並走している。

ワーク・ライフ・バランスというキーワードに含まれるものは、雇用者と労働者間にある労働時間問題であり、男女均等社会の実現や雇用拡大の課題でもある。すなわち、複数のステークホルダーが連携しての目標設定、そこに向けての個々の努力があってこそ実現するもので、達成に向けてはそれぞれ骨を折る覚悟が必要である。そのためには将来社会からのバックキャスティング、すなわち目標となる社会イメージを共有して現在の取り組みを考えてゆくべきであろう。

どのような社会が日本にとって望ましいのか。多様な働き方（生き方）こそが企業の活力・能力を高めるはずであり、そのためにも職場以外での家族・地域社会に責任を果たす時間（介護・養育・コミュニティ活動）を確保すべきである※。企業の実力と収益を最大化しながら、社会を維持するための費用を節減することは、個々の努力においては相反する部分があっても、到達点においては矛盾しない。

ここで建築界がデジタル化を含む建築生産システム改革に加えて働き方変革を先取りすることも重要だ。建築こそ、次の時代のかたちを考える専門分野なのだから。

（2013/12/25 No.406）

※（株）ワーク・ライフバランス代表取締役社長　小室淑恵氏による発言

宝塚ハーフマラソンの会場にて

都市と都市政策

現在の建設市場は悲観的な見通しは少ない。それでも、少子・高齢社会の中で建設労働の担い手は減少し、生き残りの知恵を持たない地方の衰退は続く。いくら活気があると言われても、課題は山積している。その中で、ワークスタイルの変化やＩＣＴの進展、環境配慮に建設産業全体が対応するためには、プレイヤーそれぞれの意識を変えることが必須である。システムを入れ替えるだけでは間に合わないのだ。政府がリードしようとしている多様な発注方式の推進、コンパクトシティ、住宅ストック流通促進などはまだまだぎこちない。それはシステムに無理があるのか、あるいは個別の問題の解き方が古いのか。

そう思いながら、正月の都心の青空を眺めてみる。高層マンションが立ち並ぶ前景は、人の存在を示す壮大なアイコン群である。でも、同じようなパターンの高層ビルが、このまま特定のエリアを埋め尽くしてゆくのだろうか。ここに住む人たちが住戸を次世代に受け渡すことができなければ、マンションは歯抜けのように廃屋になってゆく。そうした、都市政策不在の状況に警鐘を鳴らすのが『老いる家　崩れる街　住宅過剰社会の末路』[※]で、「もう少し土地に応じた政策が必要ではないか」と訴える。「人口至上主義を掲げることがまちの豊かさにつながらない」というわけだ。それなら、政策の見直し・解き直しはどんどん進めた方がよい。あわせて、解き方が古いというところは、われわれ設計者も反省する点がある。『ひらかれる建築──「民主化」の作法』（松村秀一、ちくま新書２０１６）は、現今の状況を見て、「建築の専門家も、ハードウェアではなくコンテンツを豊かにする活動に参加できるかどうかが問われる時代になっている」と述べている。軸足を長らく新築設計に置いてきた間に、設計者は顧客や社会が求める姿を見失っていないか。

（2017/01/11 No.555）

※ 野澤千絵、講談社現代新書２０１６

サンフランシスコ・イエルバ地区

社会の転換期を乗り越える局面

この数年、訪日外国人は、2000年の500万人から大きな伸びを示し、2016年には2400万人に達した。その勢いはまだ続いている※。一方で日本の在留外国人は、2022年の政府発表のデータ（2023・3発表）では、約307万人を数える。これは日本の人口比では2・7％程度に留まるが、2000年の159万人、1・3％からは着実な増加である。注目すべきなのは毎年の外国人移住者数（流入数）で、日本への移住は上昇傾向が続いている。こうなると、個人の尊厳に基づく多文化共生社会をしっかりとつくりあげる努力が期待される。また、これらの動きは日本の産業構造や雇用形態を確実に変化させる。

だがそれは増加する数字だけの話に留まらない。今、時を同じくしてAI技術の定着が進みつつあり※※、その影響がじわじわと広がってゆくからだ。これから先の外国人の雇用は、日本の人口減・高齢化の補完に役立つという単純なものではなくなる。希望とともに移り住む者が職を失うのはやはり避けたいので、技術発展や市場活性化のための「高度人材受け入れ」策に加え、今単純な作業に従事している外国人労働者のスキルアップの機会を用意することも必要ではないか。日本は二重の意味で重要な局面にさしかかっている。

日本に限らず、ＡＩはあらゆるプロジェクトやプロセスの中で欠かせない要素になり、もはや後戻りすることはない。見方はいろいろだが、ＡＩは企業の労働力の25～30％を代替する可能性があると言われる。その対象は日本人も外国人も同じである。資格を持っているがゆえにその資格に見あう仕事しかできないというゾーンも微妙かもしれない。人材を活かすには、教育レベルを高めて状況変化への対応力を高めたり、新たな市場に人材を移してゆく流れを整えたり、策はいろいろある。それらに成功すれば、ＡＩは社会に好影響をもたらしたということになるだろう。

（2018/01/28 No.612, 2024 改編）

※　その後、コロナ流行前の２０１９年には３１００万に達し、２０２４年はそれを上回る見込み

※※　ＡＩの見方は２０１８年に基づいている

龍谷大学瀬田キャンパス（２０２４）

新しい潮流を、受け身でなく

2018年の日本は、働き方改革推進や入管法改正といったテーマで重要な節目を通過した。働きやすい環境づくり、多様な文化の共生は望むところだが、それを社会がどのように前に進めてゆくかはまだまだ練り込みが足りていないところがある。もちろん時期尚早であったわけではない。どうも、政治レベルの決定があってからあわてて事を動かしていることが多いような気がする。これからの日本がどうあるべきかについて、社会全体がもっと腹を据えて取り組むべきだろう。

もう一つ、昨年※からの新たな潮流が先端技術の展開である。この状況下にあってまだAIに対していぶかしい眼差しを向けている向きもあるが、それでは正しい社会適用はできないだろう。すでに、時計の針は進んでいる。急ぐべきは、新技術導入を試行する一方で、法制度の検討・倫理面の検証などを並行して進めておくことである。たとえば、先端技術の中のホットな話題である自動運転については、すでに米中が実用化前夜というところまで来ているようだ。一方の日本はスタートがやや遅れているのだが、車両の開発研究以上に、交通法規や道路設置基準の見直し、事故の場合の責任など、かなり緻密に詰めておかないと狭隘な国土での適用は難しい。その点では新幹線は１９６４年の開業時点で、在来線とは違うシステムをしっかり作りあげていたと思う。自動運転に対する社会の本気度は足りないのではないか。

ところで1月17日は阪神・淡路大震災から24年※※を迎える。当時と比べて災害へのボランティアの寄与も厚みを増し、探索技術も通信手段も格段に進化している。では今後、同規模の災害に対してどれほどの人命を救えるかと考えると、まだ十分ではないと思う。新たな制度や技術を受け身でなく取り入れる姿勢が、本当に安心して暮らせる社会をつくりだすだろう。

（2019/01/16 No.655, 2020/05/27 No.722, 2024 改編）

※　昨年＝２０１８年
※※　24年＝２０１８年当時から見て

交通技術は都市の風景を変えるか？
（写真はシンガポール）

迎える建築、守る建築

この年（2022年）に竣工した、地方中核都市の特別養護老人ホーム。住宅の多い地域への移転であり、そこでは五階建てはほとんどないので、遠くからも存在が目立つ。それでも、外観を細やかに整えたり、集会場を近隣住民が活用できるよう整えたりしたので、地域に馴染んでゆけそうである。運営者と住民との関係はこの時点で概ね良好であり、これから先はお互いを必要とする関係が時間をかけて強くなってゆくのではないか。地域からホームに入居される方、デイサービスを利用される方も生まれるだろう。それだけでなく、お祭りや災害・環境問題などで地域が助け合う必要があるとき、それぞれからキープレイヤーが育ってゆく。

こうした経過はどのような施設機能でも同じである。建築がその地に根を下ろす一連のプロセスとは、人が異なる要素と向きあい、溶けあってゆく流れを象徴していると言える。そもそも、建築は本来、異質の間柄を和らげ繋ぐために格好な道具である。たとえば、人が新しい職場や学びの場に加わるとき、彼らを迎えるとき、どちらサイドにも多少の緊張感があるかもしれない。新メンバーは組織に活力を生み出す重要な存在であるだけに、その場を適切に整えておくことは効果的である。
緊急時の診療施設、災害や戦争から避難する先でのストレスを軽減することは、人権尊重の基本である。もちろん事態は建築だけで解消できはしないが、建築的手法によってそれを短い時間でスムーズに達成できないか。すなわち、建築とは希望をもたらす精神的存在であるが、その成否が問われるリアルな手法でもある。それなら、建築的手法がどれほどの貢献をもたらしているかを数値化できたらよいと思う。

(2022/03/23 No.812, 2024 改編)

さあ、新しいステージへ——日本武道館の卒業式

広島から学ぶこと

建築の使命という点から、広島の中心部にある二つの重要文化財指定の建築について触れたい。丹下健三氏の設計による広島平和記念資料館（１９５５）と、村野藤吾氏による世界平和記念聖堂（１９５４）である。丹下氏の列柱には引き締まった志があり、村野氏の窓には穏やかな感情が宿っている。趣向を異にしながら、いずれも細部に至るまでこだわりが感じられる名作と言える。その毅然とした造形が放つメッセージ性は歳月を経ても変わらない。まさしく建築と建築家の力にちがいないが、事を始めるにあたって、これらの発注者がこの建築家に委ねたいという明瞭な意思があったこともすばらしい。その時代の意思をも引き受けて建築が形をまとうこととなった。これらの竣工を力として広島のまちは戦後を着実に歩んでいったのである。

ところで、重要な記録が展示されている広島平和記念資料館には、原爆投下直後の都市模型が置かれている。それ自体の悲劇は胸につまるものだが、戦後生まれの私は、ある時期までは、現代はそうした事態をすでに克服したのだと受け止めていたように思う。実際のところ、建築や都市計画の持つポジティブな側面が、時代を前に進めることに貢献してきたのは事実であり、広島の現在にあるスカイライン、穏やかな公園や河川風景、人・車・路面電車がつくるリズム感は、そうやって確実に組みあがっていった。一連の展示を過去のできごととして読むことは実は可能である。けれど、近年のように風景が壊滅する場面を、数次の震災などで幾度となく目撃してしまうと、決して落ち着いた感慨で見ることができなくなった。展示は、未来に委ねられ、投げかけられた課題を示しているようだ。

それでも、悲観的に時代を受け止めることにはしないでおきたい。この時代だからこそ、建築の専門家として何を精神として宿し、何を受け継ぐかをよりなおさら真剣に考えなければならないと思うのである。二つの重要文化財の齢も考えると、これからの都市に対する責任は、次の世代と建築が必ず引き受けることになる。

（2012/05/09 No.324）

世界平和記念聖堂（カトリック幟町教会）の細部に宿る日本的な感覚

専門知から総合知へ

2011年9月にUIA2011（第24回世界建築会議）が東京で開催された。そこに至るまで、私はその運営の責任を受け持ち、準備に取り組んでいた。ところが、年が変わっていよいよ開催まで半年となったタイミングで東日本大震災が起こる。そこからしばらく国内外とのやりとりが微妙であったが、テーマ「DESIGN2050」に〈災害を乗り越える〉ワードが付加され、理念の基盤がさらにしっかりした。この年の5月にはニューオーリンズでの米国建築家協会大会に出席して災害について報告し、UIA2011についてアピールし、各国のあたたかでいきいきとした反応を実感することができた。社会の危機を乗り越える建築家（あるいは、建築の専門家）の役割とは、建築に関わる技術と経験、その成果を通じて未来に希望をもたらすことに他ならない。UIA2011の年は世界に向けて的確なメッセージを放った年となった。

もともと日本の建築の専門家は多くの災害に向きあい、そこからの再生に携わってきた経過で、知見を蓄えてきている。発災時に応急危険度判定に取り組み、専門知識によってさまざまな角度からのコンサルティング、地域再生計画を担ってきた。建築団体の一員としても、個人としても専門家の動きは称賛できる。地震による建築の直接被害調査からは、保全技術向上の知恵を切り出し、適切な法改正につなげることができた。このような専門家の貢献プロセスはさらにグローバルに展開できる。それは専門家が果たすべき、世界に対する責任ではないだろうか。

一方で、多くの損害を与えた２０１８年の岡山県倉敷市真備町や２０２１年の筑後川流域などでの豪雨被害は、安全な規準を満たしていた建築でさえ、広範囲の状況が起因して壊滅に至ってしまうという冷厳な現実があった。建築サイドでの事前・事後フォロー、たとえば危険度の判定・技術的対処だけでは限界があることは明らかである。こうしたケースでは、建築に関わる団体・ネットワークだけでなく、専門領域を越えた知見を束ねて危機に向きあうべきであろう。集落のサステナビリティという観点では、社会学の視点も必要ではないか。災害は総合的な知が試される機会でもある。

（2021/09/22 No.787, 2024 改編）

三鷹天命反転住宅（２００５）

災害文化の提唱

私たちは、大災害を通じて、発生時にどう動くかの知恵はずいぶん身につけてきた。しかし平時から大災害を想定したビジョンが社会に備わっているかは、災害国日本にもかかわらずまだまだ弱い。災害には地震・火災、河川氾濫・津波があり、強風もある。感染症対応も災害と共通する側面がある。リスクは全方位を意識する必要があるが、行政も研究も担当が独立していきらいがあった。そこに課題を見出し、災害に向き合う総合的な視点の基盤となる「学」を築きあげたのが河田惠昭※氏である。その自叙伝『災害文化を育てよ、そして大災害に打ち克て』(ミネルヴァ書房2022)は奥行きが深く、豊潤な手ごたえを感じさせるものだった。

河田氏は災害を工学的に捉えるところから出発しながら、諸事象の研究者を横つなぎする共同研究のオーガナイザーとして力を発揮する。そして、国内外の災害の現場においてアクティブな役割を果たした経験を通して、災害がコミュニティの基盤に大きな影響を及ぼしてしまう実態を重視し、「社会現象としての災害」に着目した。起こった災害は不幸ながら、それは生活文化をうまく組み立て直す起点となる可能性がある。だから、災害の前と後の両面に着目しなければならない。そのような視点から、どの国・どのコミュニティにおいても「災害文化」の成立が根幹にあるべき、と提言している。実際に、災害対応のプロ育成に加え、若い世代が学校をはじめ、身近な場面で災害の意味をきちんと学べる手立てを講じてきた。河田氏は一人一人が自立した災害観を持つことを訴えようとしている。この本は、甘い想定を戒め警鐘を鳴らしつつ、災害を乗り越える人類社会の将来に向けて熱いエールを送っているのではないか。

そう見てゆくと、建築の専門家こそ、（危急に際してリーダーシップを執りながら）、いかに個人としての災害観を確立するかが重要である。感染症や人権問題や地域経済にある課題については、建築の専門家は主役ではないが、技術の提供によってそれらの困難に貢献できる部分もあるだろう。そこで必ず建築的知見が活かせるからだ。

（2022/07/13 No.827, 2024 改編）

※　京都大学名誉教授、関西大学特別任命教授、阪神・淡路大震災記念・人と防災未来センター長ほか

河田氏は大阪生まれ。まちを貫く大川も昔は暴れ川だった

夢のつなげ方3　固有と普遍

1

1992年、新千歳空港ターミナル供用開始に合わせて、JR北海道の新千歳空港駅が開業した。1987年に民間企業としてスタートを切ったJR北海道はデンマーク鉄道（当時は国鉄）と業務提携する。その取り組みの初弾として、地下にある新駅のデザインを、安井建築設計事務所を含むチームでまとめることになった。デンマーク国鉄は、デザイン担当の理事イェンス・ニールセン氏のもとで、車両・駅・グラフィックなどのビジュアルを共通のコンセプトでマネジメントしていたが、彼からその視点をこの駅に盛り込もうとの提案があった。

JR北海道のディシジョンは明確だったが、実際にはなかなかのチャレンジだった。保守・維持管理・窓口業務といった建築の管轄外の事項の賛同を得なければデザインは完結できない。ニールセン氏も札幌に腰を据えて取り組んだが、私も彼の人格と、その座右の銘「デザインは眼に見える知性である」（もとはフランク・ピックの言葉）に惚れ込んでこの仕事の結実に汗をかいた。結果として、この新駅はJR北海道にとっての象徴的なアクションとなり、多くの受賞につながった。優れたデザインが人（社員や利用者）の心を動かし、経済を動かす手ごたえには、さまざまな鉄道会社も関心を抱いたはずである。たとえば安井建築設計事務所が設計担当したプロジェクトでは、京阪中之島線（２００８）や西九州新幹線長崎駅（２０２２）のようなプロジェクトも新千歳空港駅の成果がなかったら実現できなかったかもしれない。

残念ながら開業30年近くになってこのデザインは改装されることになったが、社会における使命を十分果たすことができたと思う。当社には、駅に設置されていたアート（デンマークのアーティストで、ニールセン氏の畏友のペア・アーノルディ氏によるもの）を一部譲り受けたものがあり、日々目にすることができて幸せである。私がデザイン・マネジメントの真髄を学んだかけがえのない経験だったからである。

その時期の私は、池袋にあるメトロポリタンプラザビル（オフィス部分、１９９２）や、国鉄清算事業団の土地信託プロジェクトの設計に関わっていた。特に後者は、土地を適正に処分・運用するという現実的な目標を達成する仕事であり、新千歳空港駅と同じ鉄道関連プロジェクトながら、全

新千歳空港駅（改装前　１９９２）

く異なる角度から多くを学んだ機会だった。

2

これらの鉄道プロジェクトの源流は私の先代にある。佐野正一は、1955年に安井建築設計事務所に入社する前の国鉄に在籍して鉄道施設の設計に携わっていた。のちに国鉄が「民衆駅」と名付けて鉄道用地で商業ビルを始めようとしたとき、佐野正一は民間の設計事務所として相談を受け、その趣旨に沿って天王寺民衆駅（1962）を設計した。以後、佐野正一は大阪駅や浜松駅などいろいろな場所固有の解決に従事することになるが、鉄道駅のプロトタイプづくりにも情熱を傾けた。新たに誕生した新幹線の駅舎設計の功績で日本建築学会賞（作品、1964）を受賞したのは、その合理的で明瞭さを持った計画への評価である。

その経験はのちに大阪国際空港（1969）をはじめとする空港ターミナルビル設計に生きた。1970年万博を目指して伊丹に大型空港を計画するときに、日本には前例がなかった。佐野正一は、新たな時代のインフラとして、普遍性のある交通施設を確実につくりあげた。その後こうした施設は普遍性から地域固有性へとシフトし、また地域のまちづくりと密な関係を持つようになるが、その基盤となる計画を練り上げた点で大きな功績と言える。

さて、固有性と普遍性の両面のアプローチを持っていた佐野正一は、時にわざと逆転させた手を使うことがあった。たとえば大阪市中央区役所（1989）では、合理的な平面計画ながら、立面でそれを裏切る非対称性を提示した。サントリーの白州蒸溜所（1973）のマスタープランでは、森に包まれる環境に、貯蔵棟を等間隔で分散配置し、建築の主張を最小限の装飾で留めおいた。後者は発注者にとってはウィスキー製造を拡張するチャレンジだったが、建築に関わる計画の適切さが、サントリーの〈人と自然と響きあう〉コンセプトを誘い出したかもしれない。

大阪市中央区役所（1989）

©伸和実業

3

ところで、安井武雄の仕事の相手である片岡直方や野村徳七といった人たちは、野心的な企業家だった。前者の片岡が大阪ガスの本拠を、新たに整備が進む御堂筋沿いに構えることにしたとき、建築設計を安井武雄に委ねることにした。大阪ガスの歴史はまだ30年ほどでしかなかったが、安井武雄はすでに40歳を過ぎ、当時としてはベテランである。インターナショナリズムの潮流は知っていたが、国内での分離派のチャレンジを横目で眺めていた安井は、大阪ガスビルディング（1933）の設計でそれまでのスタイルを転換して新境地を見出した。並行して、山口吉郎兵衛邸（現・滴翠美術館）や自邸、満鉄東京支社、野村元五郎邸、京都競馬場などでモダニズム路線の実験を続ける。だが、それらの細部の装飾には、どこかで普遍性に走り出すことへのためらいがあるのではと感じる。

大阪で商いを起こし、東京に進出した野村徳七の場合は、事情が少し異なる。安井武雄の先鋭味が見える大阪野村證券社屋（1926）を通して、企業の存在感を示した野村は、その後の日本橋野村ビル（1930）ではコンサバティブな装いを選択している。そこには野村自身の仕事の成熟や趣向の変化を感じこともできるが、この作品は満鉄時代から続く安井武雄の地域固有性追究の道筋に位置付けられるような気がする。佐野正一にはデザイン逆転があったと書いたが、安井武雄もその時期、逆転や入替をいろいろ試していたのではないか。

こうして戦後から戦前に戻って眺めると、どの時代の発注者や設計者も、それぞれの逡巡や決断の中で建築を生みだしている。時代が建築をつくり、人や企業をたくましく育てることはずっと変わらないようだ。

（『KENCHIKU新聞35号』 2023年4月30日発行「安井建築設計事務所の軌跡③」建報社）

南満州鉄道東京支社（1936）

4. 新しいページをめくる

4　新しいページをめくる

確実な未来へ

その博物館はナショナルモールに面し、すぐそこにはホワイトハウスがある。デイヴィット・アジャイが設計した「国立アフリカ系アメリカ人歴史文化博物館」は、アメリカの首都ワシントンDCの、そして歴史のキーストーンの位置にある。堂々たる外観の政府機関や博物館群が取り巻く中で、光が透けるやわらかい外観が印象深い。その中に包まれるのは、アメリカにおける黒人をめぐる苦難の歴史と、もたらした豊かな文化の数々である。経緯を振り返ると、リンカーンが奴隷制を廃止した以降の方が、黒人にとっての状況は苛烈である。19世紀末のアメリカには人種差別と移民排斥があり、そこにあった白人優位の思考や政策は、20世紀中盤まで抜き難いものであり続けた。

しかし今日もすべてが解決しているわけではない。そしてそれはアメリカに限った話ではないのである。現代も、人の尊厳をめぐっては直接的な加害もあれば、問題を先送りすることで事態の悪化を招いてしまう事例も多々ある。歴史展示から得る教訓とは、これから先の悲劇を防ぐために、いかに確実な一歩へと踏み出してゆくかである。さて、このまちには、ＡＩＡ※（米国建築家協会）の大会に参加するために訪れた。２０２４年の会長を務めるキンバリー・ドウデル氏は、マイノリティの建築家のリーダーであり、女性会長でもあるが、社会との粘り強い対話を続けてゆこうとする意思がある。そこはずいぶんとしなやかな体質にＡＩＡも変わってきているようであった。

さて博物館を出てみると、この日はＰＲＩＤＥと名付けられたカラフルなパレードが目抜き通りを進んでゆく日である。次から次へと多様なグループが、それぞれの個性を際立てている風景は、現代から未来へと投げかけたメッセージに他ならない。これまでも、行進が歴史の節目をかたちづくってきたこのまちでの光景には重みを感じる。

(2024/06/12 No.921)

※　ＡＩＡ = The American Institute of Architect

PRIDE PARADE──ペンシルバニア・アヴェニュー（ワシントンDC）

人権・社会、そして建築

広域の社会と、属するコミュニティにおける、個々の人権の重要性への認識はこの10年で大きく深まってきている。もはやそれが真先に保証されない社会は正常ではないと言えるが、『人権と国家―理念の力と国際政治の現実』（筒井清輝、岩波書店２０２２）※から引用するなら、〈世界中の市民社会がここ数十年の間に身につけた「人権力」を発揮して、ボトムアップ式に自国で、そして世界中で人権を守る取り組みを続けていく時代に入ったと考えるべき〉である。市民の意識が、世界に起こる困難、あるいは身近な障害を取り除く起点になり、グローバルに活躍する企業が自覚を持ち実践し、国家はその達成のためにリーダーシップを執る時代になったという次第である。

同書は、最終的にそうした理解へと読者を導くもので、現在に至るまでの試行錯誤の歩みを総覧する点では大きな意義がある。１９４８年に国連での世界人権宣言にたどり着いたあとは、苦境を潜り抜けながら普遍的人権システムのビジョンの実効性が試され鍛えられ、次第に国家や市民の意識を変えてゆく力を獲得する歴史は、感動的でさえある。貿易における公正性の達成以上に大きな努力を払った経緯は、世界が誇りに思って良いのではないか。

今日の、社会におけるマイノリティの尊厳確立、ルールの公正化といった具体的な課題を解決する力は、既存の意思決定プロセス、議論のフレームを変えるなどの創意を重ねたことで獲得できたものだが、そこにあったグローバルなせめぎあいや協調について理解しておくことは重要である。現代のわれわれはそこから先に駒を進めることになるのだが、言及しておきたいのは、社会を正しく支えるための建築のありようも、建築自体を創り出すプロセスも同じようにダイナミックに変わりうることである。人権についての考察と実践は建築の未来にとっても重要だと言えるだろう。

（2022/12/14 No.848）

※　同書は、2022年度にサントリー学芸賞と石橋湛山賞を受賞

町民が集まって、公共施設の上棟式で曳き綱（奈良県高野町）

システム思考のはじまり

日本の戦前にはアメリカとのさまざまな往き来があった。1893年のシカゴでの世界博は一つのエポックだったが、その時期には移民が増え、財界人の渡航もあり、多くの人々が海を渡った。そこから、知識の吸収だけでなくグローバルな眼で世界を獲得した人も現れた。新渡戸稲造（1862〜1933）もその一人で、彼の尽力を含めて、日本は1920年創設の国際連盟で重要な役割を果たしていた。

さて、大阪財界の雄だった星野行則（1870〜1960）も、1911年にフレデリック・テイラーを日本に紹介、二年後に同氏の「学理的事業管理法」を翻訳し、日本における経営改革論・経営効率化論の啓蒙に努めた。さらに、カナモジカイを設立して日本語改革運動の旗手ともなる。当時は合理的にものごとを捉えようとしたのである。日本国内でこうした動きが生まれる中、建築学や都市計画にも理論化の基盤が形成され、建築技術の戦後の飛躍の準備を整えた。日本のさまざまな分野の知的レベルは世界の最先端と早くから共振していたのである。

その後の歴史は残念な経過をたどり、日本の基幹産業の再起動は

1950年を過ぎてからになる。その時期、戦前と接続するかたちで、建築などの工学分野で「システム思考」が浸透していった。戸田穣氏は『1950年代の建築学※』の中で「建築あるいは都市を科学的に認識すること。(中略)このような抽象化の傾向が、この時代、それぞれの分野がまだ若かったころのモチベーションではなかっただろうか。」と述べている。言わば、自由で開かれた発想を生んだ時代である。結果としてシステム思考は住宅生産の迅速化や建材の大量供給を用意し、建設業の近代化脱皮にも大いに貢献する。

システム思考はその後も進化を続けていったが、社会課題のすべてが解けたかどうか。それを倣うかたちで、最近ではデザイン思考が注目されている。

(2023/05/10 No.867)

※『内田祥哉は語る』(鹿島出版会2022)に所収

心が動くところから、はじめる(宝塚市)

より良いコモンズを目指して

ソウルの中心部にあるソウル広場は、ソウル特別市庁とプラザホテルに囲まれた広いスペースである。芝生でのんびりとしたイベントが開催されている日もあり、政治集会が人を集めている日もある。オープンであったり、クローズなかたちで使われたり。二階部分にあるホテルのラウンジからはさまざまな光景が楽しめる。ソウルの歴史は古いが、今の姿は2004年に整ったので歴史はまだ浅く、天安門広場のように重たい歴史を感じさせるものではない。ソウル広場はシンプルに計画されていて融通は効いていそうであり、今のところ戦略的には成功している。

この国だけでなく、アジア諸国の人の集まり方は一般的に包摂性が高い。東南アジアの水辺とかピロティとか、共同住宅や駅舎が道路に接するあたりとか、使いこなしかたの多様性はたくましさを感じさせるものであり、どの国に出かけても見飽きない。管理されていないところに妙味がある。こうした、エネルギーの発現する場所、何かを結びつける場所をうまく計画できるかどうかは、アジアの都市計画の大事なポイントではなかろうか。相反する要素をいかに共存させるかは重要で、単なる管理型に持ち込んでしまえばそこで話は終わってしまうだろう。
高村学人氏（法社会学）は、「コモンズというのは、実際には、公と共と私のハイブリッドとして成り立っているので、大事なのは、これらをどうしたらよりよくブレンドできるか、を考えることにある」と言う※。その達成にはさまざまな知見の集積が必要であろう。いかに人がうまく集まれるかは民主主義の実験であるわけで、試行錯誤を繰り返してみなければ的確な解は得られないように思われる。もしかしたら人類の歴史はまだ始まったばかりなのかもしれない。

（2022/07/06 No.826）

※『アジアン・コモンズ』（篠原聡子、平凡社2021）に所収

繊細ながら、自由な場――代官山ヒルサイドテラス

〈共通の「近代」――世界史と日本〉を押さえながら

それぞれの国の言説は、そこに独自の歴史があることを強調しようとする。その傾向は近代国家の形成過程において著しく、もちろん日本も同様であった。明治の日本は国民の統合や、教育の普及には熱意を燃やしたはずである。小国が生き残るためには特に必要だったのだろう。一方で19世紀のアメリカにあった「明白な天命」の概念は、領土拡張を後押しし、また保守主義の土壌を耕すことにも寄与したかもしれない。その旺盛さは20世紀を越えても続いた。厄介なのは、どの国であっても、このような閉じた歴史観は排他的な行動を誘い出すネガティブな面も宿すところである。

さて、アメリカの歴史学者である、コロンビア大学のキャロル・グラック教授は、近代国家に共通する進化やロジックにきちんと目配りをする人である。その視点から、固有の歴史にこだわることには少なからず警告を発している。どの国も特殊であるということはないのだ。グラック教授の講演〈共通の「近代」―世界史と日本〉※には決して悲観的な言いまわしはなく、今から生まれる前向きなアクションや議論に期待を寄せている。つまり、現在世界各地で起こっている政治的対立は、相互にじっくりと向きあうことで一致点を見出してゆけるのではないか。
もしかすると、ヨーロッパ諸国がリードしようとする、世界の環境政策においても、現在の中国やインド、その先のアフリカの発展の中で起こるエネルギー消費増大を乗り越えるために、国と国、人と人との間にある「共通の近代」を正しく押さえながら議論をする必要もあるだろう。そして、雑音の中に小さいが正しい声を聞き出すことに意味がある。ある国で生まれた知恵が、普遍的な知恵としてうまく共有されるなら、きっと素晴らしい動きを生むだろうから（建築におけるモダニズムのはじまりはそうだったはずである）。

（2019/11/13 No.696）

※ 2019/11/07 国際文化会館にて

共通のルールと相互の交わり（ラグビーワールドカップ2019南アvsカナダ戦）神戸にて

環境意識をグローバルに

ドイツのポツダム大学のシュテファン・ラームシュトーフ教授は、ＩＣＰＰ（気候変動に関する政府間パネル）第四次報告書をまとめたメンバーの一人でもある。ある講演※で、専門である気候学の視点に立ち、地球を俯瞰的に見た気候変化、各地で起こる環境危機を精確に語り、まさに今我々はTipping Point（重要な分かれ目）に立っていると語っていた。夏の高熱・海面上昇・気流の変化それぞれは他の事象に影響を与えている。これから始まるＣＯＰ26（国連気候変動枠組条約第26回締約国会議）の議論の中で、温度上昇を抑え、危機を乗り越えるために大国による積極的なアクションを促しながらも、現状の取り組みの弱さを懸念していた。

この講演は、同じドイツのハイデルベルク市の招きで実現した。講演を受ける形で、同市のウュルツナー市長は、カーボンニュートラルの達成には地方自治体の創意が重要と述べる。実際、ハイデルベルクは都市計画や交通システムを通してのコンパクトシティ化や、税制・教育における制度改善などで人口増という成果をもたらす好循環を生み出している。重要なのは都市間競争だと断言するところは、「ヨーロッパ人」らしい自立的感覚であり、豊かな歴史と研究基盤を活かす立場にある首長としての責任感を感じる。さらに、国をまたぐ協力も効果的と述べ、視野を広げてみせた。

現在の日本は、以前と比べると個人も企業も環境意識が高まっている。大事なのは他の地域にある危機や、前向きの取り組みをさらに具体的に知りあうことだ。Tipping Pointの段階では、身のまわりに迫る危険を意識するだけではもはや十分でなく、地球全体の危険に際していかに的確に連帯するかがポイントである（SDGsではそれを謳っている）。この日は私を含めて国外からもオンラインで参加していたが、国境を越えることの意義はますます重要になるだろう。

（2021/11/10 No.793）

※ October 30th.2021 @Triennial Conference, Heidelberg Club International

ハイデルベルクと路面電車

テロワールの視点から学ぶこと

　このところ、テロワールというキーワードを目にする機会が増えた。本来はワインを育んでいる地理的領域を指す言葉であり、生態系に人が手を入れながら地域らしい商品を生み出す姿を前提としている。そこには長年にわたる農環境と生産体制の整備があるのだが、搬出された商品の価値を誰かが評価したことで、世界各地で良好なワインを楽しむ取引が生まれる。そのようにして経済が循環し、シャンパーニュといったテロワール名称が持つ好ましいイメージとともに価値の安定的な維持に邁進できたのである。なお、そこでは該当する地域の範囲設定は重要なテーマであったようで、産地名称は時に政治的なせめぎあいもありながら形成されている。

　こうした経緯は、『テロワール　ワインと茶をめぐる歴史・空間・流通』※に詳しい。最近では、テロワールは、ワイン以外の食品へと広がりが出てきており、それぞれの生産地の意欲や質を高める動きにつながっている。それはしばしば、商品価値を伝えるマーケティングとも連動している。テロワール概念は、まだ定まらない価値をうまく確定させることで、地域産業振興や観光などが進むために、有効にはたらくというわけである。

ワインの場合は、製造施設であるシャトーの建築物と所有するブドウ畑がある風景が、その生産能力とともに重要な要素を占めている。個別の商品が持つ物語は、このような「小さなテロワール」にある創意工夫のプロセスと一体不可分になっている。ワインは「大きなテロワール」のイメージとともに、小さな固有性をうまく活用する点で先を行く。

テロワール概念は農と食が主役だが、建築についても応用できる。本来地域産材を活かすところから始まっているから、域内素材による建築生産体制を育成・安定維持する形は整えられそうだ。

（2023/08/02 No.879, 2024 改編）

※ 赤松加寿江・中川理編著、昭和堂２０２３

シャトー・ラグランジェの樹

結ぶ場所、ブリュッセル

久しぶりにヨーロッパの特急に乗った。パリ北駅からブリュッセルまで、1時間半の特急「タリス」の乗客となった。専用線を使うのであっという間の到着である。着いたのは南駅で、幾分よそよそしい空気がある。それよりも歴史的街区に近接する中央駅の姿やコンコース空間の方が、よほど風格が優っている。そう、それはヴィクトール・オルタ（1861〜1947）の最後の作品（死後の1952年開業）なのである。彼が残したアール・ヌーヴォーの秀逸な住宅シリーズはこのまちに集中し、そのうち4件が世界遺産に指定されている。大型作品である中央駅についても、優雅にカーブする正面壁などにオルタらしさがあふれている。

オルタには若き日にパリ在住経験があった。後年、パリに多くの作品があるエトワール・ギマール（1867〜1942）とは別の場所で、鉄とガラスからともにアール・ヌーヴォーのスタイルを導き出した。つまり、同じ空気を吸った同世代である。彼らの拠点間は、その当時も鉄道で結ばれていたということになる。それを介してお互いの動静も伝わっていただろう。前節で紹介したワインづくりがそうであったように、パリを起点とする鉄道が果たした役割は大きい。ワインの場合は鉄道によって現品輸送されるだけでなく、生産地情報と消費地情報がフィードバックしあう情報ネットワークが生まれた。今やワインも評判も世界を飛び交うようになっているのだが。

ところで私がブリュッセルに降り立った10月11日、当地のNATO本部をウクライナのゼレンスキー大統領が訪れていた。ちなみに、その三日前にはハマスによるイスラエル砲撃が起こっている。このまちにはEUの本部もあるように、地続きに国家が隣り合い、地中海をはさんで中東やアフリカと向き合う、欧州の要の位置にある。

(2023/10/18 No.889)

凛とした姿のブリュッセル中央駅

開く場所、広島

G7サミットが広島で開催された。市街地の突端・宇品のグランドプリンスホテルを本会議場とし、各国首脳は、日本建築の中でも「水空間に開かれる独自性」を持つ厳島神社で初日の時間を取り、そして現代史で大きな意味を持つ広島平和記念資料館への訪問をクライマックスに持ってきた。広島は、「核兵器のない世界」に向けて普遍性のあるメッセージを発出するには格好の場所であり、ここでグローバルサウス諸国を交えたさまざまな会議が開催され、国際秩序についての個別の議論ができたのは効果的であった。また、ウクライナのゼレンスキー大統領が来日したことで、外交課題はよりリアリティを伴う印象を残した。

並行して、日本のG7イヤーには14件の関係閣僚会合が国内各地で時期をずらして設定され、この本会議の時点で9会議が終了している。気になるテーマには、気候・エネルギー・環境大臣会合での「あらゆるエネルギー源の活用を含む、エネルギー安全保障の確保と脱炭素との両立」があり、デジタル・技術大臣会合での「責任あるAIとAIガバナンスの推進」も重要である。こうした議論が本会議での共同声明に反映されてゆくという手順になっていた。これから先も議長国日本のリーダーシップに期待したい。

さて、本会議閉幕にあたっての岸田首相（当時）の議長国会見に重要な言及があった。それは「平和記念公園を設計した丹下健三氏は、平和を創り出すとの願いを込め、原爆ドームから伸びる一本の軸線上に慰霊碑や平和記念資料館を配置しました。平和の願いを象徴するこの軸線は、まさに戦後の日本の歩みを貫く理念であり、国際社会が進むべき方向を示すものです。」というものであった。建築を援用してそこに政治の理念を重ね合わせるとは、日本の政治家の語り口ではあまり例がないように感じる。見事なスピーチライティングと言えるのではないか。

（2023/10/18 No.889, 2023/05/24 No.869, 2024 改編）

作家・原民喜にゆかりのある「被爆柳」

地域の未来は人の未来

このところ、地域再生のリーダーたちの話を聞く機会が続いた。地方は森や海といった豊かな資源に恵まれているが、何も手を打たないと人はどんどん流出し、資源の維持も産出もままならなくなる。たとえば一人はまず「アートや魅力的な建築」で仕掛けを進めた。地域外の人々の関心を呼び起こし、地域内の人々の心を動かすにはメッセージ性が高い。それで訪問者が増えたところで手を打ち終えてもよいのだが、どのリーダーたちも苦労して産業創出があってこそ人は地域に根を下ろすと捉え、さらにそのための「基盤を充実させる」必要があると考えた。

ハードで言えば、基盤づくりにはネットの整備と活用は欠かせないだろう。ちなみに遠隔地ゆえの交通手段の便の充実は重要だが、トラック輸送に制約がかかる今後を考えると、ドローンによる代替など、これまでとは変わった手が使えるかもしれない。

一方で大事なのはソフトであり、とりわけ「人を育てる意思」である。実際、地方は熱心に教育改革への取り組みを始めている。それは人を惹きつける必須の基盤になるだろう。小中学校の統合は避けられなくても、縮小均衡ではなく、そこに未来のリーダー育成を重ねようとしている。あるリーダーは、新たな教育機関の開設を地域の変革の鍵と考えていた。外部から若い層を呼び寄せれば、それだけでも地域には刺激になる。卒業後は定着する者もいれば、他地域で成果を挙げる者もいるかもしれないが、人が育てる場となれば本望ではないか。次世代育成に熱意を持つ、懐の深いリーダーたちの登場は心強い。

ではは勢いのなくなった郊外都市はどうするのか。都心に近くてベッドタウン機能が充実し、まとまった商業集積があれば、一見帳尻は合っているが、地域の個性は埋没する懸念はある。順調な時期にこそ危機感を持って「基盤」をつくる必要があるだろう。都心に近い利点を活かせば、世界につながる発信や活動もしやすいし、似た状況の都市との連携もできる。いろいろな地域のビジョンづくりを目撃してみたいものである。

(2023/06/07 No.871)

地方が育む新たな夢(奈良県にて)

農と教育の組み立てなおし、そして…

最近講演を聞いた若い起業家は、農業の未来に賭けるビジネスコンセプトを持っていた。その志は、既存の農業のシステムを作り直す変革に向かっている。すなわち、切り口としては農業にある課題を是正するだけでなく、消費者から見た農製品のありようをイメージしながら、農業の将来のかたちを掘り起こしているようであった。おそらく、既存のシステムや権益を守ろうとする限り、新しい市場の可能性は閉ざされると言ってよい。少々面白いことになりそうである。農業を凝視している起業家はほかにも数多くいるが、彼・彼女らがつながりあえば変動は起こるだろう。

別の日、新しく誕生したF市の小中一貫校（義務教育学校）を訪ねてみると、教室が並ぶ形式は維持しながらいろいろな場をしつらえ、クラスや学年を越えた学びができるよう工夫されていた。今回は五つの小学校と二つの中学校を統合してできた経緯もあり、地域住民の新たな結節点としての役割も期待され、そうしたスペースも用意されている。ここには、新しい教育の旗を掲げてみて、そこから新たな人材を送り出そうとするチャレンジがあるようだ。もちろん、教員や保護者の意識の変革を促しており、なかなか壮大な取り組みであると言える。

農業や教育と同じように、建設業界が歩んだ道のりも長く、脱皮に骨が折れるところも共通している。しかし、材料費高騰や人材難という切実な課題を乗り越えるために建設ＤＸを推進する、という問題の立て方では脱皮は望めないのではないか。それでは今の建築・土木の生産システムの維持を前提としているに過ぎないし、そのシステムも昔から同じであったわけでもない。新しいつなげ方をデザインするつもりで臨んでこそ、建設業の未来も拓けるのではないか。農業や教育との相互乗り入れをしてみても面白い。

（2023/06/07 No.871）

新たな可能性のあるスペース（F市）

人が過ごす場所のゆるやかな変化

良く知られた話だが、鉄道がこの世に生まれてから、人は共通の時刻を意識するようになったという。そして、目指す場所に、目標とする時間に着けるよう計画することができるようになった。また、郵便システムが確立したことによって、遠隔地との交信が確実になった。安定した照明が登場したことで、夜は生活に使える時間帯に変わった。近代に生まれたさまざまな技術は、人の行動と眼差しを一挙に拡大したのである。エントロピーが増大しすぎるきらいはあったが、この変化の中で人々は効率的に物事を処理する術を磨いていった。さらに、20世紀初頭のアメリカに現れたT型フォードの生産システムや労務管理理論であるテーラー・システムは、汎用性のある商品を生み出すにはうってつけだった。近現代建築における、合目的性の高いオフィスや生産施設、教育施設も、ここにある方法論をより明瞭に展開する力となっていった。

一方で近代以前の工房、日本の寺子屋、アメリカ合衆国草創期のタウンミーティングにあった親密な対話の良さを、人々は忘れていなかったようである。やがて人が長い時間を過ごす場所はすべて、ヒューマンで自発的な要素を取り戻すようにゆるやかにやわらかく変わり始める。それは後戻りではなく、情報技術の進化が変化を加速させた可能性がある。それは新型コロナウイルス流行期に織り込みが進んだのではないか。結果的には、建築計画理論も根底から問い直されてきていると感じる。

こうした建築空間の変化が、組織が自らの風土を組み立てなおそうとする動きとリンクするのは十分理解できる。一方で、組織が受け継いできた価値観を目に見えるかたちで保持したいとするベクトルもある。そのバランスをどう考えるかは、経営者の時代を見抜く眼、そして設計者の想像力にも委ねられるのだろう。このせめぎあいの中でいろいろな建築の解が生まれれば、未来の可能性もさらに広がる、ということである。

（2024/06/05 No.920）

建築は社会にフレームを与える──市政会館から望む日比谷

デジタル改革で大事なこと

企業経営者は、自らの組織のメンバーがどのように働き、どのようにネットワークして価値を生み出しているかを把握しようとする。製造業ならば消費者ニーズがどこを向いているのかにも関心を払うだろう。総じて人の動きが気になるというわけだが、ここで文化人類学的手法（エスノグラフィ）が使われることがある。もっとも日本は米国とは違い、そのために専門家を積極雇用する方向にはなりにくい。それでも、あまたあるリーダーシップ論や組織論に乗っかる前に、現状の冷静なサーヴェイが重要との認識は深まっている。それこそがリアリティのあるマネジメントと言える※。

さて、新たな政権のスタート（2020年）に伴ってデジタル改革担当大臣が任命されている。これまでIT政策担当大臣という呼び名はあり、今回もそれと兼務だが、デジタルという語感によってねらいがはっきりしたのはいい。遅れを取り戻そうとのメッセージも感じられる。でも最初にメディアが飛びついた「ハンコ廃止」くらいでは喜べない。本来デジタル化は達成目標ではないはずである。目的に達するプロセスの合理化に向け、デジタルをいかに活用するかが肝心であるはずだ。

避けたいのは、プロセスを現状維持したまま一部だけデジタル化するという愚である。そもそもデジタル化以前に資料は多すぎないか。デジタルだからチェックを飛ばしていいことになっても困る。大臣にとって省庁間の縦割り打破がターゲットなら、現状の省庁の動き方や市場についてしっかりサーヴェイすることを期待する。付記して言えば、建築生産におけるＢＩＭ※※についても、プロセスや市場の課題をふまえて国を挙げた改革につなげる視点を忘れないようにしたいものだ。

（2020/09/30 No.739）

※　参考文献『テキスト経営人類学』（中牧弘允ほか編、東方出版２０１９）
※※　ＢＩＭ＝Building Information Modeling

上野公園の冬

BIMをめぐる戦況

安井建築設計事務所がビジネスでBIMを使い始めたのは2007年あたりである。そのころBIM導入の熱気に満ちていたアメリカの様子をみると、そこには建築生産プロセスの中のプレイヤーの主導権争いがあった。戦いはBIMの登場以前から始まっていたのだが、まさにそれは、誰が建築や不動産のデータを握るのかというテーマであった。私が肩入れして見ていたのはAIAだったから、当然建築家にその主導権も責任もあるべきだと思ったものである。そこから当社内でのBIMの標準装備が始まり、設計業務への活用から維持管理段階でデータを活かす展開へと駒は進んでいった。

今日に至るまで、私はこのようなBIMのさまざまな効用を説く機会をできるだけつくってきた。社会ではプロセスの川上と川下をつなぐ効果の理解は進んだものの、個別プロジェクトや事業者によって切り口も違い、費用対効果をめぐる足枷はまだまだ厄介な問題として残る。私が関わっている日事連※「BIMと情報環境ワーキンググループ」（2018〜）では、全国的定着・普及を推進（各地の設計事務所の活用事例紹介、ポータルサイト「ＢＩＭＧＡＴＥ」の開設、ＢＩＭアイデアコンペの運営など）しながら課題抽出を継続中だが、設計事務所によって多様な切り口と活用の仕方があることこそ自然であることを強く認識するようになった。

私が参画してきた国土交通省「建築ＢＩＭ推進会議」（２０１９～）では、国の主宰であるだけに、モデル事業からフィードバックしながら標準プロセス作りを念頭に置いている。私が代表となったＢＩＭ教育普及機構（２０２１～）はＢＩＭの知識の基盤を作りながら専門家資格の確立を目標にしているので、補完関係にあるとも言える。でも、私が最初に感じた通り、ＢＩＭとは、建築生産の変革を起こす局地戦のツールでもある。さらに、ここ数年のＳＤＧｓ・３Ｒ※※・木材活用・ＤＸなどの潮流はＢＩＭに組み込みやすいのではないか。制度を固める作業に手間をかけるのは大事だが、世界の変革の動きに乗り遅れないようにもしなければならない。

（2020/09/30 No.739, 2022/05/25 No.820, 2024 改編）

※　日事連＝日本建築士事務所協会連合会
※※　3R＝Reduce, Reuse, Recycle

「知的生産のフロンティア」展——国立民族学博物館にて

自らも、日本も生き残るためのＢＩＭ

ＢＩＭは、新しい設計製図手法としても、建築生産プロセスにおける情報共有のツールとしても効力が実感されるようになってきた。7月後半の私は、ＢＩＭに関連しての意見交換に参加する機会が集中し、あらためてＢＩＭをめぐる状況を捉えなおす場に恵まれた。それほどにＢＩＭは注目を浴びるテーマには違いないが、果たして建築界あるいは社会での定着は磐石で、今後の伸びを期待してよいだろうか？

もちろん、ＢＩＭは大量かつ複合化する設計情報と顧客ニーズを統合・格納するために効果的である。設計者側からみれば、その機能を駆使して、発注者と設計・施工・維持管理に関わるプレイヤーを結び付けて有効にマネジメントできる。それはつまり、設計者がこの世で生き残るための革命的手段になる。一方で、発注者である企業や行政、あるいは施工者が同じような野心を燃やすことがありうるだろう。それも歓迎したい。リーダーが誰であっても、地域社会にあるさまざまな情報をＢＩＭデータによって集約するアクションは、社会の発展と維持に大きな力となるはずだからである。

ところが、日本社会のプレイヤーたちはそういう野望が弱いように見えてしまう。施工会社は、洗練度・密度の高い施工データを、設計データと合体させて使ってはいない。ＢＩＭに長けた設計事務所も、施工者にデータを渡した時点で、データをその先に活かさずに作業を終了してしまう。社会の中で作業が重複していて、既存の建築生産システムを何ら壊しておらず、生産革命につながっていない。

このようなＢＩＭ活用では、逆に日本の次世代の足枷になる。ある学者は、日本が今後、経済を成長させるには、労働人口の増加、資本投入、生産性の向上が欠かせない、という。この三番目を達成するためにＢＩＭは有効であるはずで、もっとその可能性を建築界として追求すべきではないか。日本のＢＩＭの進展度が他のアジア諸国に比べて鈍いことを危機と捉え、生き残りのためにＢＩＭ進展をさらにプッシュしたいものだ。※

（2018/08/01 No.633）

※ 本稿は２０１８年の状況である

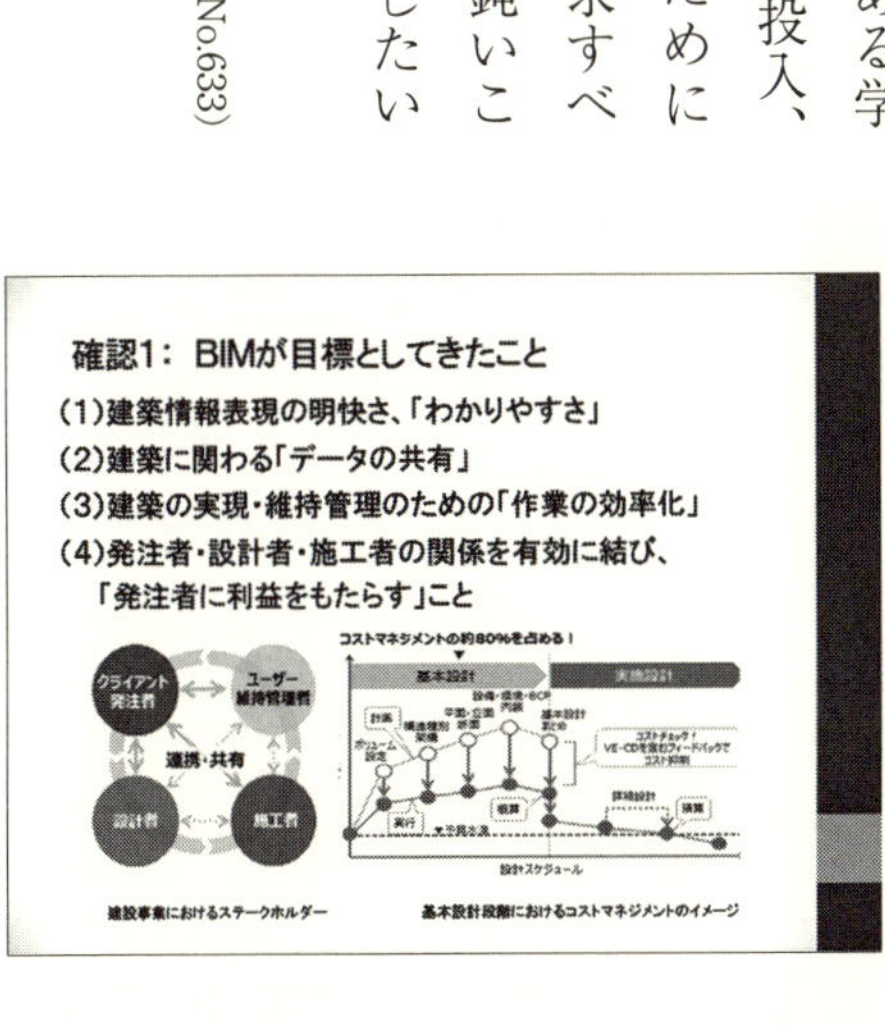

「ＢＩＭが目標としてきたこと」（佐野作成の一部）

デジタルは、専門家のミッションを問い直すきっかけになる

ワシントンDCでのAIA大会の話は先に触れたが、私がこの壮大な大会に初めて参加してから25年は過ぎている。その間にはデザインビルドやBIMが話題として沸騰した時期もあった。それらは時間をおいて日本に大きな波となって押し寄せるのが興味深い。一方で、大会で交わされる議論では、そのように制度や技法が動きだす渦中で、建築家にとって変わらぬミッションとは何かが問われてきた。そこはこの大会の根幹にある。

そう観察しつつ、2023年に刊行された「Architecture in Digital Process」※を手に入れ読んでみた。この本はデジタルやネットワークの進化によって建築がどう変化してきたかが主眼ではなく、フライ・オットーや日本のメタボリストといった人たちが、建築を生成するプロセスについて、どのように先見の明を持って提案・提言をしてきたかに重点を置いている。彼らは建築に閉じこもって思考を掘り下げたのではない。哲学のジル・ドゥルーズや、音楽におけるジョン・ケージの視点と響きあいながら、自己中心的なシステム構築でなく、よりネットワーク的なありようを探っ

てきたのである。

もちろん先見性は、現代の社会課題や環境をめぐる課題に切り込む際にこそさらに重要である。そこにデジタルを援用しながら、建築家は、同時に自らのミッションを問い直し続けることになる。おそらく他の分野の専門家も、近代の変化に対峙して同じようなアプローチを採るだろう。

さて、２０２４年のＡＩＡ大会では、予想通りＡＩの活かし方が話題となっていた。ＡＩは喫緊の課題解決に早くたどり着くためには都合が良いが、共同作業を充実させるにはさらに有効である。建築家は、共同作業も、デジタルとの共生も長い経験があるだけに、ＡＩと付きあいながら社会における建築家像、実務のあり方、教育システムの未来を的確に描くことができるのではないか。

（2024/07/03 No.924）

※ Architecture in Digital Process -Machines, Networks, and Computation Socrates Yiannoudes; Routledge 2023

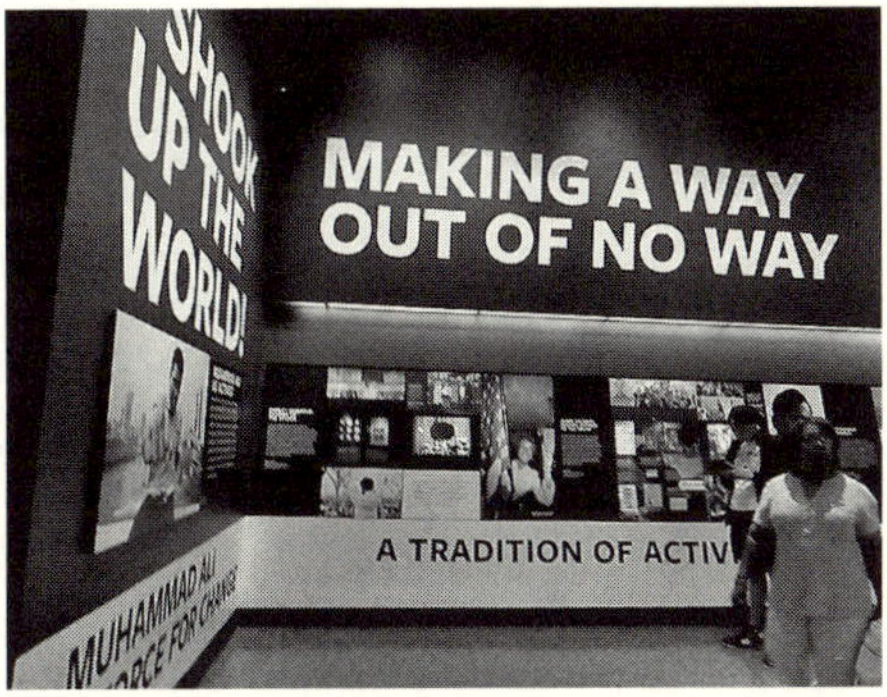

道なき道をゆく──国立アフリカ系アメリカ人歴史文化博物館

創発性のある風景

２０２４年春、ある研究所が竣工した。ここでは、実験・計測のためのゾーンとは別に、アドレスフリーの緩やかなオフィスゾーンが設けられた。それは、着実に探究を進めながら、研究者間の対話の活発化を促し、創発性を導き、共同知の獲得へと至るスタイルである。同時に、セキュリティを切り分けた形で研究所外との連携スペースもあり、さらに新たな知見の誕生が期待される。最近増えているこのスタイルの背中を押しているのは、社会の新しい動きだが、何よりも企業のビジョン、研究のゴールの明瞭さである。そして、スタッフには自発性と自己管理の姿勢が期待される。皆が、この緩やかなオフィススケープに対して無自覚であるなら、経営も実務もコントロール不能になる。チーム編成や規程、ネットワークの整備などに周到な配慮を備えておく必要があるだろう。

ところで、人々がいろいろな場所を選択して過ごすありようは、普段の都市の風景にしばしば見られる。最近のオフィスはそれを後追いしていると言えるだろう。もっとも、多くの場合、都市は明瞭なビジョンがぐらついたまま成長してきた。それを正しく描く責任は政治家や都市計画の専門家にあったのだが、ビジョンが現実をスマートに牽引するのは容易ではない。しかし、都市にある創発的な空気を今後も活かそうとするなら、モデル予測制御の手法は今後適用できるのではないか。

さて、2024年3月11日は東日本大震災から13年目だった。年初には能登で震災があり、国土を揺さぶる難局はまだまだ続いている。災害復興のまちづくりの過程では、インフラの再建だけでなく、「暮らしの自由度」をいかに取り戻すかの課題も引き続き問われ続けるだろう。自然に創発性や民主主義が見える風景に向けて、さまざまなトライアルが期待される創業から100年の節目である。

(2024/03/13 No.909)

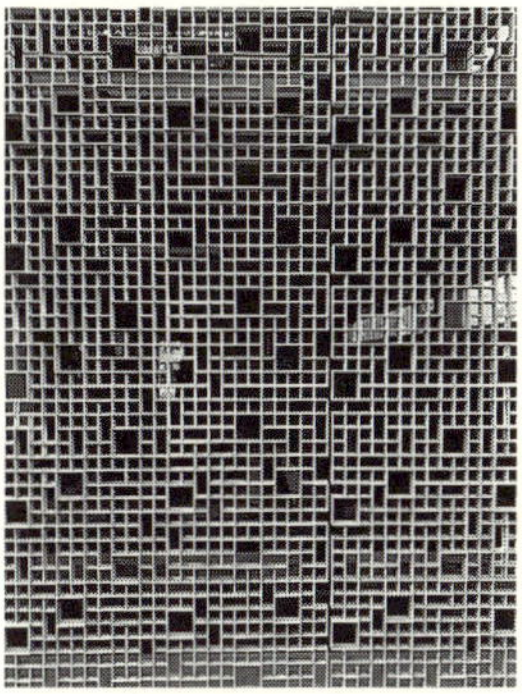
創発性の壁(佐賀県)

宇宙と地球、デュアルな開発

未来を構想する上で宇宙というキーワードが肝要になってきた。だが、このまま一気に宇宙を舞台に生活やビジネスが展開するということにはならないだろう。そこはまだ手探りの領域であり時間がかかる。飛行技術も改良が進むだろうし、未開の地に根を下ろすためには、技術だけでなく法整備も含めてさまざまな側面から検証する必要がある。まずは、宇宙をテーマとしながら、地球を含めた広い世界のインフラの将来を考えることが先行すると思われる。

ところで向井千秋・東京理科大学特任副学長は、同学に設置した「スペース・コロニー研究センター」(現在「スペースシステム創造研究センター」に改称)では現在、宇宙での滞在技術の高度化と社会実装を追究している、と語っている※。たとえば、月に居住するとなると、いかに水や空気などの生存条件を安定的に確保するのか、故障などの非常時に自律的に対処できるのかという問題が現れる。月にはまちの便利な電気屋も水道屋も同行できない。そして、それらを克服し宇宙空間で快適な衣食住を持続させようとする技術とは、現在の地球上にある困難にも応用できるものである。地球には異常気候があり、コミュニティの成立が危機に瀕している。未知の局面を凌ぎきるには、宇宙という視点から切り込む「デュアル開発」が有効となるだろう。（ちなみに「デュアルユーステクノロジー」とは民生と軍用の両面で適用できる技術のことを指す）

それを進めるには、もちろん宇宙での検証・試行錯誤は欠かせない。となると、いかに取り組みのための資金を捻出できるか、人材を投入できるかは重要である。現在の宇宙をめぐる論調は、建築家・構造家・思想家であるバックミンスター・フラー（１８９５～１９８３）が呼び覚ました想像力を受け継ぎながらも、より細やかで地に足の着いた取り組みが期待されている。そうなると、ものづくりの知恵のある日本がリーダーシップを執り、材料の扱いに手慣れた建築技術者が積極的に関わる場面なのではないか。

(2024/06/19 No.922)

※「朝日教育会議２０２０」2020/10/17

バザーの景色

夢のつなげ方4　そして隅の親石となる

1

寿屋は、今から100年前の1923年に京都に近い山崎で蒸溜所の建設に着手した。安井建築設計事務所はその地で1959年に竣工した製麦場の設計に携わり、60年前の1963年に開設した東京・府中におけるビール工場〈現名称はサントリー〈天然水のビール工場〉東京・武蔵野〉設計も途切れることなく担当している。この年、寿屋は社名をサントリーに変え、新たな事業に挑戦するシンボルとして、工場に若々しくてグラフィカルな造形を与えている。今の感覚であれば、工場の建築は合理性が当然のテーマであるに違いない。しかし近代の始まりは、ベーレンスによるAEGタービン工場（1910、ベルリン郊外）のように、象徴性の高さが勝るものだった。その意味では、このビール工場は、新しいアーキタイプの登場と表現できるのではないか。

今日に至るまで、当地では建築や生産ラインに手を加えながらこの地での醸造プロセスが維持されており、そこにずっと関わってきた。ちなみに、どのアルコールも、醸造プロセスには、加熱釜と冷却パイプを往き来する手順があり、その出来栄えをこまめに専門技術者が確認する手間が加わる。かくして水や麦芽などの原料は香り高いアルコールにうまく変容する。サントリーは初期から、酒づくりにある技術探究と、物語のような面白さを、工場見学の機会を設けて広く伝えようとしてきた。この府中でも、15年前の改修のおりに仕込釜を取り巻く壁を大きなガラス面に変え、ビール醸造プロセスの節目の姿を外からも際立たせる改修をしている。これもまた先取の精神の一環と言えるだろう。

もっとも、発注者に絶えざる改善を続ける意思があり、それを支える建築のかたちが有効であるから手が打てた。デザインは変化しても、当初に描いた建築群配置に変更がないのは、佐野正一が見通したビジョンが適切であったことを示している。

サントリー武蔵野工場（1963当時）

2

京都競馬場の経過は、さらに興味深い。そもそも近代日本における競馬は、幕府が開国後に設けた横浜（根岸）競馬場に源流がある。その後、地方競馬を中心とした軍馬の育成を目的に置いたり、馬券発売による運営などと複合したり、日本独自の歴史を重ねてきた。日本中央競馬会が現在のように中央競馬を主催するかたちになったのは１９５４年である。京都における近代競馬は１９０７年に始まり、１９２５年に現在の淀の地に移転してからおおよそ１００年の時を刻んでいる。

やがて、１９３８年に淀に新しいスタンドが完成した。手掛けたのは、設計競技に勝った安井武雄である。鉄骨トラスの大屋根などの技術追究、ゼセッションの香りが高いデザインが印象的で、京都の競馬には当時、これを進める前向きな空気が満ちていたと想像する。その後、この大屋根が戦後に供出されてしまったのは不幸だが、戦後も競馬事業は後退することなく発展し、１９７１年・１９８０年・１９９９年とスタンドに手が加わり、さらに２０２３年春の新スタンド完成に至った。ここにはコースに平行して建物を横に延ばしながら、既存スタンドを順次建て替えるプロセスがあり、安井建築設計事務所はずっと関わることができた。

競馬事業の運営システムは、この100年の間に安定基盤を確保しながら、競走馬・騎手やスタッフの育成を含めた改善を重ねてきた。その先取性が、新スタンドでの環境配慮やデジタルへの対応、幅広い世代へのアピールといった建築的取り組みの背中を押している。今や1938年の建築は残存していないが、真新しいスタンドを担当したチームは、その時代の精神と計画理念を確実に引き継いでいる。

京都競馬場（2023）

3

以上見てきたように、安井建築設計事務所はロングスパンで建築を考える経験に恵まれていたかもしれない。発注者との長い関係には、いかにその時代の先陣を切る解を導くかについて熱い議論があるのだが、既存建築の価値と可能性をどう判断し、〈対話〉を通して共有するかは重要である。明治期の近代建築遺産の再活用を期待された「半田赤レンガ建物」や「長崎マリア園」（どちらも1898）では、建築との丁寧な〈対話〉が重要となる。そこから新たな価値と技術を引き出す知恵が生まれたと感じる。〈対話〉の持続は設計事務所としての知識と経験を蓄積する機会となり、次の挑戦へのステップボードとなる。もちろんそれは今回紹介したような改修改築プロジェクトに限らない。

最後に、こうした〈対話〉と〈作業〉を進めてきた設計拠点にも少し触れておく。安井武雄が100年前に自分の事務所を開設したのは大阪の信濃橋で、1928年に高麗橋野村ビルに移り、佐野正一時代は淡路町、そこから旧船場域を出て、1970年からは現在の島町に社屋を作って本拠とした。一方で、東京での設計拠点も1926年に開設し、日本橋堀留町や宝町を経て、1964年に平河町に社屋を建設した。一旦市ヶ谷に移動したのち、平河町の隣地を加えた共同ビルを再建築したあと、2024年初頭からは神田美土代町に新しいオフィスを構えている。名古屋の現在の拠点・泉に移る前は栄にあり、今は安井建築設計事務所設計による商業ビルに建て替わっている。どの拠点も都心の小さなグリッド街区にあり、まちのスケールやぬくもりを感じるところで安井建築設計事務所のスタッフは成長していった。

安井武雄のキャリアは海外で始まり、佐野正一は国際レベルの設計を目指した。現在、東南アジア各国を中心に進めている海外プロジェクトは、これまでの多様な経験を活かす形で1990年代に本格的に開始し、いくつかの国で常駐体制を確立した。どの国にも人の体温があり、社会課題はある。建築の完成をきっかけとして、建築とともに歩む地域社会が活気づくのは、どの場所でも同じであった。私たちは同じようなことを100年続け、そして眼差しを先に向けている。

（『KENCHIKU新聞36号』2023年7月31日発行「安井建築設計事務所の軌跡④」建報社）

遼寧省瀋撫改革創新示範区白沙島フォーラム

個体として齢を重ねることは、成長から老化に向かう道筋である。できなかったことができるようになったことはあるけれど、その逆もある。そういう現実こそ興味深いことだと感じるので、人生に特段の後悔はない。むしろ、この先何が起こるだろうかと大いに楽しみにしている。現代の私たちは、とかく目の前の困難を乗り越えるためにあくせくしがちだ。だからこそ、歴史に対して「好奇心を持ち、自分より前に生きた人々が世界の意味をどう理解したかを学ぶこと」※が重要なのではないか。とりわけ、明瞭なビジョンに基づいて行動した先達の後ろ姿は、私たちに勇気を与える。

たとえば、米国の第28代大統領・ウッドロー・ウィルソンは、第一次世界大戦後の世界平和を導く国際機構を構想し、1920年の国際連盟創設という成果につなげた。国際連盟は、結局は非力ではあったし、彼自身の当時や後世の評価も分かれる。だが、現実の困難を理念によって乗り越えようとしたことは評価できる。同様に、後藤新平や片岡安が構築した都市の総合的ビジョンや果敢な行動にも敬意を払いたい。彼らなくして今日の建築と都市計画分野の充実はない。

このような、先人が取り組んだ思いや知恵を確実に次世代につなぐこと、あるいは同世代が抱いている夢を開花させることは、人として果たすべき重要な任務ではないか。私はあくまで建築の領分を外れずに、また安井建築設計事務所の基盤を固めながらそれを全うしたいと考える。そう言いながら、この本にあるように、私の走る眼差しはいつもよそを向いていた。とりわけ連載「建築から学ぶこと」(https://www.yasui-archi.co.jp/yasui)には、ここに所収していない、建築からずいぶん離れた観察もある。でも、そこに私あるいは社会にとって大切なものがひそんでいないか。そして建築を変える何かが隠れていないかをずっと気にかけてきた。すなわち、この本もそうした前向きなよそ見の記録というわけである。

社会の中にある知恵は、建築を育てる土壌を豊かにすると確信する。そして、建築の領分の中でつきつめた成果は、社会のために必ず活かされる。それは多くの先輩や同輩から学んだことである。出版にあたり、日刊建設工業新聞社の横川貢雄さんの知恵をお借りし、安井建築設計事務所の脇春菜さんには、目利きのソムリエのごとく、載せるべき文章を選び出していただいた。そのほか多くの皆さまに感謝したい。

※『なぜ歴史を学ぶのか』(リン・ハント、岩波書店2019)

新しい知恵、つなぐ眼差し

夢《ゆめ》のつなげ方《かた》　建築《けんちく》から学《まな》ぶこと III

発　　行　2024年11月8日　第1版第1刷

著　　者　佐野吉彦
発 行 所　日刊建設工業新聞社
　　　　　東京都港区東新橋2-2-10　電話03（3433）7151
発行・発売所　東洋出版
　　　　　東京都文京区関口1-23-6　電話03（5261）1004
印　　刷　日本ハイコム

ISBN978-4-8096-8723-5 C0052